DE LA PENSÉE À L'ACTION

Adulés et critiqués à l'excès, les «intellectuels» appartiennent à une espèce apparue à la fin du XIXᵉ siècle au cours de l'affaire Dreyfus. Le terme lui-même, que nous aurons à préciser, est souvent mal utilisé, revendiqué par certains, perçu à tort par beaucoup comme un signe de vanité. Les intellectuels, engagés dans leur histoire, essaient de peser sur elle par leur esprit critique. Moteurs ou partisans des grandes idéologies, leur terrain fut souvent la polémique. Ils s'y affrontent en dénonçant une société coupable de trahir certaines vérités essentielles. C'est le sens de leur « engagement ». Le but de cet ouvrage est de saisir comment ils ont tenté d'agir sur leur époque. On nous pardonnera de limiter ici cette histoire à l'essentiel. Philosophiquement, « penser », c'est juger objectivement. « S'engager », c'est utiliser cette exigence pour transformer la société. Contre les silences coupables, l'intellectuel met ainsi toute sa force à la défense de la justice. Cela peut le conduire à précipiter son jugement et à perdre son objectivité. C'est le paradoxe de l'engagement : l'urgence de l'action, pour une vérité qui exige parfois… de la patience. Est-ce la raison pour laquelle ils nous semblent parfois moins présents, moins engagés aujourd'hui ? Nous aurons aussi à le comprendre.

Bernard-Henri Lévy fait partie de ces intellectuels qui maintiennent la tradition des écrivains engagés dans l'action et les idées comme Sartre, Camus ou Malraux. Il agace, il séduit, il pèse par ses mots sur un monde de violences idéologiques et d'injustices barbares qu'il refuse par l'analyse et la colère. Philosophe engagé ou produit médiatique ? Son courage est aussi indiscutable que son goût immodéré pour la reconnaissance. Le talent ne protège pas de l'échec, comme en témoigne son expérience de réalisateur en 1993 avec son documentaire *Bosna !*

Le scandale

C'est dans une France traversée par l'antisémitisme et le nationalisme qu'éclate le « scandale » : un capitaine français d'origine juive est accusé à tort d'espionnage. L'écrivain français Émile Zola incarne alors le refus de l'injustice.

Un combat littéraire

Pour défendre Dreyfus, les articles et les réactions furent nombreux. Clemenceau écrit une lettre ouverte au président Félix Faure, Mallarmé loue la beauté héroïque de l'écrivain, Léon Blum s'acharne à le défendre, parfois contre ses amis politiques. Enfin, la pétition publiée dans la revue *Le Temps* regroupe quelque 491 signatures d'écrivains, de savants et de professeurs. Une certaine tradition vient de naître.

Les faits

Accusé d'avoir rédigé un bordereau antifrançais en faveur de l'Allemagne, le capitaine Dreyfus est condamné par le conseil de guerre en 1894 à la prison à vie. Si bon nombre d'écrivains, de journalistes et d'universitaires renommés sont vite convaincus de son innocence, le système politique et militaire « verrouille » la décision prise et empêche toute critique en prétextant la défense de l'intérêt supérieur de la nation. Le milieu cultivé gravitant autour de la célèbre *Revue blanche* compte un certain Léon Blum, mais aussi Lucien Herr, bibliothécaire à l'École normale supérieure. À partir de 1897, la France se divise vraiment en deux « camps » : les antidreyfusards d'un côté, préférant l'injustice (la condamnation d'un innocent) au désordre (la révision du procès), exprimant leur antisémitisme en arguant de l'honneur de l'armée et de la patrie ; de l'autre, les « révisionnistes » se regroupent sous la houlette d'Émile Zola, de Marcel Proust, d'Émile Durkheim, de Stéphane Mallarmé, de Georges Courteline, du vice-président du Sénat Auguste Scheurer-Kestner, et même d'un certain Georges Clemenceau.

« J'accuse... »

Une série d'articles témoigne de la révolte de ceux que leurs pourfendeurs appellent sur un ton péjoratif et méprisant les « intellectuels* ». Mathieu Dreyfus, le fils du capitaine emprisonné, écrit au ministre de la Guerre, le général Billot, et lui révèle que c'est un autre militaire, un dignitaire de l'armée (le commandant

les origines | l'entre-deux guerres | l'explosion existentialiste

Esterhazy), qui est l'auteur du fameux bordereau. Une ancienne maîtresse du commandant, qui reste protégé par les militaires et les députés, Mme de Boulancy, fait publier dans *Le Figaro* le 28 novembre 1897 une lettre prouvant, par la comparaison des écritures, le peu de patriotisme et la culpabilité du militaire : « *Je ne ferais pas de mal à un chien, mais je ferais tuer cent mille Français avec plaisir.* » L'armée, l'État se déchaînent alors contre le journal et contre Zola, qui crée un syndicat regroupant les dreyfusards. Le vrai scandale éclate : le 11 janvier 1898, Esterhazy est acquitté. Zola publie dans *L'Aurore* un article fustigeant l'ignominie du verdict, la lâcheté des juges et des jurés. Son titre provocateur : « *J'accuse* », annonce un véritable raz de marée. On défile dans toutes les villes de France pour ou contre Dreyfus. Deux visions de la France et de l'homme s'affrontent alors. Les partisans de Dreyfus prônent un universalisme* seul capable de défendre l'individu contre l'arbitraire du pouvoir. En face, les tenants de la « grandeur de la France » et de son armée craignent qu'un procès de celle-ci ne l'affaiblisse.

Le procès d'Émile Zola

L'auteur des Rougon-Macquart est condamné en première instance, puis, après un premier pourvoi en cassation, à un an de prison ferme et à mille, puis trois mille francs d'amende. Écœuré, mais bien conseillé par son avocat, Zola s'exile en Angleterre. Ne parlant pas la langue, il se sent d'autant plus isolé qu'il ne doit pas éveiller l'attention. C'est ce qui l'amène à changer de nom et de maison.

> **Le procès Zola en 1898**
> Zola fut condamné une première fois. Il fit appel devant la Cour de cassation qui confirma que ce n'était pas au ministre de la Guerre, mais au conseil de guerre de l'assigner. Le délai ne changea rien à sa condamnation mais lui permit de partir discrètement avec sa femme Alexandrine, direction l'Angleterre et l'exil.

L'affaire Dreyfus, en 1894, scandalise les savants et les écrivains. Zola est à la tête de ceux qui s'engagent au nom de la justice et de la liberté. Les « intellectuels » sont ainsi nés dans la douleur de la révolte et du mépris.

Action et réaction

Les « révisionnistes » choisissent le parti des valeurs universelles. Les « nationalistes » combattent les intellectuels au nom d'un « sol », d'une « race », ou simplement d'une identité française qu'ils croient menacée.

Qu'est-ce que l'universalisme ?

L'universalisme est une conception philosophique héritée de Descartes, de Kant et de Rousseau qui considère que la raison (faculté de penser et de connaître) est la même pour tous les hommes. Il faut et il suffit de la cultiver. Cela seul compte, et non les particularités nationales. Politiquement, ces valeurs humanistes* et républicaines se retrouvent notamment dans le socialisme* démocratique français des années 1900.

« Il n'y a pas de raison d'État qui puisse excuser un attentat contre la personne quand les droits de la personne sont au-dessus de l'État. »
Émile Durkheim,
La Science sociale et l'action.

Action : l'universalisme

Les partisans de la révision du procès – les « révisionnistes » – regroupent des forces très diverses. La création de la Ligue pour les droits de l'homme, au cours de l'été 1898, compte ainsi des socialistes, des catholiques, bref des individus et des forces habituellement antagonistes. C'est l'occasion pour la gauche progressiste et révolutionnaire de prendre ses distances vis-à-vis des préjugés antisémites, particulièrement vivaces en cette fin de siècle. Les pétitions se succèdent, deux conceptions de l'homme s'affrontent : les universalistes*, républicains, considèrent que l'essentiel d'une nation réside dans un attachement volontaire des individus. Pour ces « intellectuels* », la raison est une faculté universelle qui transcende les particularités culturelles. L'attachement au sol, à l'origine et à la race ne sont alors que des accidents de l'Histoire, dépassés par les valeurs issues de la Révolution française incarnées par les droits de l'homme. Malgré leurs différences, Rousseau et Kant incarnent cet idéal d'universalité.

Réaction : le nationalisme

Si l'influence de Barrès est incontestable, la critique des intellectuels prend plusieurs visages : le nationalisme* raciste et antisémite avec des journalistes comme Édouard Drumont, auteur de *La France juive* en 1886 ; des hommes de terrain prêts à faire le « coup de poing » comme Paul Déroulède, chef de la Ligue des patriotes, ou encore des professeurs comme Ferdinand Brunetière. Enseignant à l'École normale supérieure, académicien, il fustige les pseudo-savants et ces intellectuels,

les origines   l'entre-deux guerres   l'explosion existentialiste coupables à ses yeux d'individualisme* et de prétention. Peu connu aujourd'hui, ce spécialiste de littérature a à ce moment une influence importante – en particulier grâce à son nationalisme modéré qui l'impose comme une figure de proue de l'antidreyfusisme – allant jusqu'au célèbre *New York Times* américain!

Individu et société

L'affaire Dreyfus n'est pas la cause de la division de la France en deux camps mais plutôt son catalyseur. A priori, le nationalisme privilégiant l'identité géographique et la communauté contre l'individu pouvait retrouver certaines justifications dans l'analyse sociologique de la France. Il n'en est rien. Durkheim, le fondateur de la sociologie française, aborde bien l'étude des faits sociaux en les considérant « *comme des choses* » et en privilégiant le déterminisme, c'est-à-dire les facteurs culturels et économiques à l'origine des comportements individuels, mais c'est pour garantir l'objectivité des sciences de l'homme, non pour défendre la nation contre l'individu. Enfin, le nationalisme déteste la raison, car l'intelligence est universelle par définition. D'où sa tendance à voir des ennemis partout, à se refermer sur une terre originelle et « sacrée », à se définir par la haine et le repli. L'individualisme universaliste est bien son véritable ennemi.

Révision du procès à Rennes, le 7 août 1899. À sa sortie du tribunal, Alfred Dreyfus passe au milieu de soldats de l'armée française se tenant de dos, et formant ainsi une « haie de déshonneur ».

Un étrange retournement

Depuis les horreurs de l'Holocauste, le « révisionnisme », souvent associé au « négationnisme », désigne les tentatives pour mettre en question la vérité historique des camps de la mort.
À la fin du XIXe siècle, le terme ne peut pas avoir déjà cette connotation : il désigne au contraire les partisans de la révision du procès Dreyfus.

Les partisans de Dreyfus prônent la défense des valeurs universelles. Les critiques de ces « intellectuels » viennent de différents courants, des racistes et des antisémites aux simples « nationalistes ». Derrière ces querelles, deux conceptions du monde s'affrontent.

La vie des revues

Les revues s'imposent en cette fin de XIXᵉ siècle. **Elles concentrent les oppositions intellectuelles et fournissent à la politique un lieu d'expression parfois violent et radical, comme ce fut le cas de _L'Action française_.**

« Avec quelque loisir, quel traité [aurions-nous] à écrire de la décadence intellectuelle par 1) l'esprit chrétien qui a renversé l'empire romain ; 2) l'esprit chrétien qui a désorganisé au XVIᵉ siècle la civilisation catholique par la lecture de la Bible en langue vulgaire ; 3) l'esprit chrétien qui a fomenté Rousseau, excité la Révolution, élevé la morale à la dignité d'une hyper science, d'une hyper politique, l'une et l'autre métaphysiques ; 4) l'esprit chrétien, qui nous donne aujourd'hui une théologie de l'individu, théologie de l'anarchie pure. » **M. Barrès, C. Maurras, La République ou le roi. Correspondances inédites, 1888-1923.**

L'importance des revues

Le média le plus influent à l'aube du XXᵉ siècle est la presse écrite. Si l'information circule sur un rythme plus lent que celui que nous connaissons aujourd'hui, les revues constituent le champ de bataille des intellectuels* qui veulent s'engager. Le camp des dreyfusards s'impose dans _La Revue blanche_. Malgré les polémiques, certaines rencontres, certains hommages peuvent paraître étonnants. Ce fut le cas de Léon Blum, grand artisan du socialisme français, qui dédia son premier article en 1892 à Maurice Barrès, écrivain nationaliste ! Celui-ci, auteur du _Culte du moi_, de _L'Ennemi des lois_, développe dans _La Revue de Paris_ des thèses d'abord individualistes*. Le conformisme y est rejeté au profit de la grandeur particulière des individus. Peu à peu, Barrès évolue vers un nationalisme* social. Au-delà de l'intelligence des intellectuels, il existerait une force liée à l'attachement à un sol, une origine quasi raciale de l'unité nationale que la « culture » universaliste ne saurait maîtriser. Ces thèses préparent le fascisme. Il est à noter que l'engagement des revues concerne artistes et écrivains. Dans _La Revue blanche_, c'est tout le gotha littéraire qui s'impose : Mallarmé, Verlaine, Gide… Et ses illustrateurs s'appellent Monet, Manet, Renoir ! Un certain Alfred Jarry y publie son _Ubu roi_, qui fait scandale.

Polémiques médiatiques

Les confrontations se font par journaux interposés. Le propre des revues est d'imposer une lenteur critique nécessaire à toute élaboration conceptuelle, même lorsque celle-ci se fait contre les intellectuels. Zola multiplia les « _Lettres_ » à la jeunesse, à la France,

les origines | l'entre-deux guerres | l'explosion existentialiste

La peur du progrès

L'importance grandissante des revues nationalistes peut aussi s'interpréter comme résultant d'une évolution historique : les mutations économiques qui plongent le monde rural dans la crise et la petite bourgeoisie dans l'inquiétude. La peur du lendemain, l'angoisse face au progrès facilitent l'émergence du nationalisme.

Les élections de 1900

Malgré leur influence, les nationalistes subissent un échec électoral sévère aux élections municipales de 1900, sauf à Paris, où ils emportent 45 sièges sur 80 !

au président de la République, dont on retient le célèbre *J'accuse* (*voir* pp. 4-5). Les anti-intellectuels, dont Brunetière, écrivent surtout dans *La Revue des Deux Mondes* depuis 1893, et l'on trouve une presse nationaliste féconde du côté des chrétiens (*La Croix*, *Le Pèlerin*) ou ailleurs (*L'Intransigeant*). Les philosophes ont leur *Revue de métaphysique et de morale* créée en 1893 par M. Darlu, l'ancien professeur d'un certain Marcel Proust… Les revues incarnent les débats d'idées, expriment les vraies raisons qui opposent les partis politiques. Par exemple, *La Revue blanche* permit au fondateur de la sociologie, Émile Durkheim, de faire le point sur l'opposition entre les partisans de l'universalisme* et ceux du différencialisme*. Plus que dans un grand journal, le mode de publication permet d'approfondir l'analyse tout en restant accessible au grand public.

L'Action française

Les publications font exister « socialement » les courants d'idées et les individus qui les expriment. Cas exemplaire : la violence antisémite de Drumont trouve même un lieu d'accueil dans un journal au titre tristement paradoxal, *La Libre Parole*. Plus emblématique, *L'Action française* désigne une revue et un parti (celui de Maurras). Les délires nationalistes s'expriment souvent avec une certaine prétention littéraire, un goût de l'emphase et une lourdeur commune au style et aux idées. Mais surtout, *L'Action française* unifia pour le pire à venir la droite nationale française durant un demi-siècle, c'est-à-dire jusqu'à la fin du régime de Vichy.

La vie politique, son expression et ses excès s'incarne dans les revues mêlant les luttes idéologiques et littéraires. Le nationalisme français y a puisé l'essentiel de ses idées.

L'influence de Barrès

L'un des écrivains les plus influents avant la guerre de 1914-1918, Barrès, incarne le nationalisme, aussi bien par son œuvre littéraire que par son engagement politique.

Barrès déteste Zola

Il voit en lui le prototype de l'écrivain « déraciné », de l'« intellectuel » universaliste. L'assimilant à Dreyfus, il affiche clairement son antisémitisme : « Les juifs n'ont pas de patrie au sens où nous l'entendons. Pour nous, la patrie c'est le sol et les ancêtres, c'est la terre de nos morts. Pour eux, c'est l'endroit où ils trouvent leur plus grand intérêt. » Maurice Barrès, Scènes et doctrines, cité par Michel Winock dans Le siècle des intellectuels.

Un nationalisme exalté

Maurice Barrès représente le nationalisme* radical. Antisémite et antidreyfusard de la première heure, il incarne dès le début de l'affaire tout ce que la France comptait de haine envers les « intellectuels* » dénoncés pour leur universalisme. Partisan d'une lutte sans merci pour la « préservation sociale », il couvre le procès Zola pour Le Figaro, s'enflamme en participant à la Ligue de la patrie française en 1899 (il est dans son comité directeur). L'union des nationalistes sera son cheval de bataille. Trois principes guident une pensée non systématique : le rejet du rationalisme universaliste* au profit d'une exaltation sensualiste, le recours à la tradition contre tout ce qui représente le progrès humaniste, la défense de l'État contre l'individu. Sur ce dernier point, on note pourtant une évolution certaine dans son œuvre. Dans sa jeunesse, il prône l'individualisme, comme en témoigne sa première trilogie Le Culte du moi, qui contraste avec son œuvre de maturité, Le Roman de l'énergie nationale (1897-1902). Cette trilogie comprenant Les Déracinés, L'Appel au soldat et Leurs figures raconte les dangers de la philosophie universaliste, la nécessité de l'action, et exalte le patriotisme de revanche qui fera de lui un des champions de l'Union sacrée.

Une influence contradictoire

Sa vie est pourtant faite de paradoxes : son évolution littéraire, son amour pour une femme d'origine roumaine, rencontrée en 1899, Anna de Noailles,

les origines | l'entre-deux guerres | l'explosion existentialiste

qui était dreyfusarde. Il rompt en 1907, la retrouve mais refuse de la suivre en 1914, quand elle se réfugie au Pays basque. Leur relation reprend en 1917, mais elle lui avoue en 1921 une liaison avec Edmond Rostand datant du début de la guerre. Déçu à l'extrême, il écrit *Un jardin sur l'Oronte*, mêlant l'aventure à l'éloge sensuel, contre la morale littéraire de la bourgeoisie. Les paradoxes ne manquent pas : son éloge funèbre de Jaurès, sa distance à l'égard du royalisme de Maurras, son attachement à Péguy (dreyfusard à la fois nationaliste et républicain), son action pour l'union avec les autres courants politiques en 1914. Il s'engage alors… à écrire un article par jour dans *L'Écho de Paris*. Le tout deviendra un livre, *La Chronique de la Grande Guerre*. Sa critique incessante, belliciste de l'Allemagne rejoint alors celle de la gauche française. Il crée enfin, en 1914, la Croix de guerre, destinée à récompenser les actions héroïques.

La fin de sa vie

Barrès eut une carrière politique contrastée, fut élu député à plusieurs reprises mais sembla tout au long de sa vie moins fermé à d'autres talents littéraires que Maurras, chef de file comme lui de l'Action française. Il devint dans les années d'après-guerre une sorte d'officiel du nationalisme* littéraire, un « *rossignol du carnage* », dira Romain Rolland. Il f it des conférences dans plusieurs villes de France pour célébrer la victoire, assista à la signature du traité de paix à Versailles, en 1919. Il mourut d'une crise cardiaque le 4 décembre 1923, la même année que Raymond Radiguet. L'auteur du célèbre *Diable au corps*, âgé de 20 ans, lui avait dédié son sulfureux roman. Honneurs militaires, funérailles nationales, éloges multiples dépassèrent les clivages politiques. Il aura fallu connaître les dangers du nationalisme pour que les Français rejettent l'homme et son œuvre.

L'appui au putschiste

Paul Déroulède est nationaliste et populiste. Il dirige la Ligue des patriotes et vise un changement radical de la Constitution de 1875. Sa tentative de putsch, le 23 février 1899, échoue dans le ridicule : il est arrêté dans la cour de la caserne de Reuilly. Compatissant, Barrès lui apporte son soutien. Il est acquitté au mois de mai.

La figure de Maurice Barrès est emblématique à plusieurs titres. Écrivain nationaliste et antisémite, il est l'auteur d'une œuvre contrastée. Passant de l'individualisme au « patriotisme social », il influence grandement ses contemporains sur les plans politique et littéraire.

Une sale affaire : une sale histoire

L'affaire Dreyfus révèle la grandeur et la faiblesse de la France, partagée entre l'antisémitisme le plus vil et la révolte la plus digne. À l'époque de la Grande Guerre, ces tendances se poursuivent.

Les erreurs nationalistes

Le paradoxe de l'affaire Dreyfus réside dans ce qu'elle permit de révéler : une France à deux visages. L'honneur des révisionnistes ne fut pas pour tous dans la certitude des faits. L'innocence du capitaine valait-elle plus ou moins que l'honneur de l'armée, associée alors à la France tout entière ? Pour les dreyfusards, c'est l'idéal de justice qui conditionne tous les combats, ce qui, loin de menacer l'unité ou l'honneur du pays, lui confère une dimension nouvelle : la patrie du respect des droits de l'homme. Les autres voyaient l'honneur dans la sauvegarde de l'identité, de l'unité. Ils se trompaient donc triplement dans l'interprétation des faits : Dreyfus était innocent, l'unité du pays n'était pas menacée par la disgrâce de l'officier coupable, une telle injustice aurait des conséquences en faisant naître les intellectuels*. Pire encore : moralement, aucune cause ne justifie l'injustice sans contradiction. C'est le basculement de la France dans le XXe siècle qu'inaugure l'affaire Dreyfus : une sale affaire pour la France et son histoire.

La double révélation

En croyant lutter pour la France, les antidreyfusards dégradent son honneur, en même temps qu'un certain janvier 1895 ils font subir au capitaine l'épreuve de la « dégradation militaire ». En le faisant embarquer, un mois et demi plus tard, pour l'île du Diable, la France se déshonore, mais en partie seulement. Zola et les « intellectuels » font naître une autre vision de la nation, de son identité et de son honneur. On peut ainsi être fier de

Caricature sur l'affaire
Dreyfus datant
de l'époque.

– Surtout, ne parlons pas de l'affaire Dreyfus !

… Ils en ont parlé…

« *L'affaire Dreyfus
fut comme toute
affaire une affaire
essentiellement
mystique. Elle vivait
de sa mystique. Elle
est morte de sa
politique.* »
Charles Péguy,
Œuvres en prose,
**Gallimard,
1959-1961.**

l'honneur que l'on contribue à sauver plus que de cet honneur d'« être français » que l'on croit posséder. La révélation est historique (les intellectuels naissent) et philosophique (l'honneur est plus fort quand il est partagé).

Une nouvelle époque

L'institution du gouvernement de Waldeck-Rousseau le 22 juin 1898 marque (enfin !) l'ancrage de la République dans la juste ligne du dreyfusisme. Tardivement, il semble que le poids des idées l'emporte sur celui de la peur. Le basculement dans la Grande Guerre fait naître une autre forme de nationalisme*. L'Union sacrée rassemble d'abord les anciens ennemis dreyfusards ou non, socialistes et catholiques, etc., jusqu'à l'apparition d'un nouvel antisémitisme qu'Édouard Drumont (1844-1917) incarne avant la guerre. Ex-républicain devenu catholique nationaliste, ce dernier rédigea un immonde best-seller, *La France juive*, et dirigea *La Libre Parole*, quotidien tirant à plus de 100 000 exemplaires ! L'antisémitisme radical de celui qui fut le député « antijuif » d'Alger en 1898 dépassa tous les précédents. L'exaltation de l'État, combinée à la haine de l'universalisme* et à l'antisémitisme le plus abject prolongent l'affaire Dreyfus et plongent la France dans la honte et les dangers du nationalisme.

L'affaire Dreyfus met au jour une France à deux visages : les antidreyfusards s'enlisent dans ce qu'ils croient être la sauvegarde de l'identité française, en condamnant pour cela un innocent. Face à eux, Zola et les intellectuels font naître une nouvelle idée de la nation et de son honneur.

Gide, le génie infâme

Le parfum de génie et de scandale de Gide tient tout autant à son œuvre littéraire qu'à son influence tardive mais irremplaçable.

Retour de l'URSS

Le voyage de Gide à Moscou marque une rupture avec le communisme « officiel ». Le Parti et ses courroies de transmission littéraires réagiront avec la dureté et la mauvaise foi caractérisant l'époque. La *Pravda* mettra en cause l'écrivain « bourgeois », et on put lire dans *L'Humanité* : « *C'est un cadavre qui vient de mourir.* »

Tardive reconnaissance

André Gide ne fut pleinement reconnu qu'après la Première Guerre mondiale. Le personnage est fait de grandeurs et de contradictions. Dans *Les Caves du Vatican*, il met en scène l'« acte gratuit » : le héros Lafcadio y pousse un voyageur inconnu par la portière d'un train. Gide reconnaît son homosexualité dans *Corydon*, un ouvrage qui fait scandale. Cette « profession de foi » lui vaut les reproches de ses amis catholiques, au premier rang desquels Claudel, qui le somme de se « *guérir de ce vice* ».

L'engagement

Gide participa à la *NRF*, fut reconnu assez tardivement (54 ans) et s'engagea contre les brutalités du colonialisme.

C'est au Congo, en compagnie de son ami Marc Allégret, que Gide découvre la violence de l'exploitation des compagnies concessionnaires : régime de punition et de quasi esclavage doublé du plus grand cynisme dans le déséquilibre économique imposé. Il remet un rapport en 1927 à un député qui interpelle le ministre des Colonies. Celui-ci décidera d'abandonner le régime des concessions. Plus tard, il s'enflamme pour l'URSS, qu'il considère comme le pays réalisant une organisation nouvelle, plus juste, de la société. Enthousiasmé par le

André Gide à son bureau vers 1935.

les origines | l'entre-deux guerres | l'explosion existentialiste

plan quinquennal, il croit longtemps que ce pays a dépassé le stade de la violence et instauré un « bonheur » ! Gide est croyant plus que marxiste*. Il côtoie les membres de l'Association des écrivains et artistes révolutionnaires (AEAR), dont Romain Rolland, Louis Aragon, Maurice Gorki, reçoit les éloges du Parti, de *L'Humanité*, qui publie en 1933 *Les Caves du Vatican*. Enfin, il participe au Congrès des écrivains révolutionnaires contre le fascisme et pour la défense de la culture en 1935 et voyage neuf semaines en URSS en 1936. Il en revient comme un amoureux déçu, critique le système dans son *Retour de l'URSS*. Les staliniens, par la voix de la *Pravda*, feront savoir qu'ils n'apprécient guère cette critique du totalitarisme teintée d'amertume.

Une influence énorme

La défaite de juin 1940 choque profondément l'écrivain, qui se rallie à l'esprit de résistance du gaullisme tout en acceptant de collaborer à la *NRF*, pourtant tenue par un certain Drieu La Rochelle. L'influence de cet esprit libre est énorme. Tous les écrivains contemporains : Malraux, Camus, Sartre, lui rendent hommage à sa mort, en 1951. Si les communistes* (Aragon en tête) ne lui pardonnent pas sa critique du système stalinien, la fin de sa vie est jalonnée d'éloges et de reconnaissances, et couronnée par le prix Nobel. Le courage, la liberté et la sensibilité : ce sont les traits de l'homme et de son œuvre.

Gide et Sartre

Gide et Sartre se rencontrèrent, s'apprécièrent. Le pape de l'existentialisme* écrivit même un éloge funèbre : « Gide vivant ». Pour sa part, Gide aime *Le Mur* et *La Nausée*, mais assez peu *La Mort dans l'âme* : « C'est extraordinaire ce que je trouve cela mauvais, il faut absolument le lire », déclara-t-il en 1950 à Mme Théo, son amie.

Le style de Gide, son œuvre, ses engagements politiques (adhésion, puis rupture avec le PC) et personnels (son homosexualité affichée) marquent le siècle de son engagement le plus sincère.

Une liberté provocante

Gide revendique, affiche son homosexualité comme un droit absolu que ni la religion ni la morale ne devraient contester. Il eut pourtant un enfant, Catherine, avec la fille d'une amie. Il ne la reconnut qu'après la mort de sa « véritable » épouse, en 1938, épouse avec laquelle il vécut un amour platonique ! Claudel essaiera de le convaincre de se « *guérir* », en vain. Cette liberté témoigne d'un engagement nouveau de l'écrivain : la sexualité.

Le surréalisme

Le dadaïsme exprime la révolte pure, reprise et prolongée méthodiquement dans le mouvement surréaliste, où Breton exerça une influence prépondérante.

Dada

Un certain nihilisme des intellectuels* au seuil de la Première Guerre mondiale s'exprime dans la révolte dadaïste. Marcel Duchamp (1887-1968), ex-cubiste, invente le *ready-made* en détournant les objets industriels de leurs fonctions pour être promus au rang d'objets d'art par le choix de l'artiste (il expose un porte-bouteille en 1914, et un urinoir renommé *Fontaine* en 1917). Tristan Tzara (1896-1963), écrivain d'origine roumaine, résume leur projet dans une revue, une galerie et un manifeste : Dada. Arrivé à Paris en janvier 1920, Tzara précède de peu Duchamp et Picabia (1879-1953), qui fait scandale en présentant des œuvres impossibles, provocatrices, notamment à l'exposition de l'Armory Show, à New York, en 1913, puis au Salon d'automne, à Paris. Pourquoi le mot « dada » ? On peut voir au moins trois origines : la naissance délirante et imaginaire d'une rencontre, ou bien Tzara reprenant le mot enfantin (dada = cheval), ou encore, au hasard d'une page du Larousse, la reprise du terme slave « da » des réfugiés présents alors à Zurich. Tout est possible…

La révolution surréaliste

La révolte dadaïste s'enrichit de la prise en compte de la grande découverte de la psychanalyse : l'inconscient. Aragon, Breton et Soupault théorisent et produisent un mouvement revisitant les associations libres, l'écriture automatique, la vision hallucinée où le

André Breton, Paul Eluard, Tristan Tzara et Benjamin Péret en 1920.

les origines | **l'entre-deux guerres** | l'explosion existentialiste

rêve devient tableau. Max Ernst, René Magritte, Joan Miró privilégient la peinture instinctive, l'imprévu, en adaptant la méthode de l'« écriture automatique » à la peinture. Le « frottage » et le « grattage » modifient ainsi les formes originellement et consciemment voulues par le peintre. L'Art prend la forme d'un parcours initiatique. Prolongeant l'influence du premier (et du moins connu) des surréalistes*, Dali définit sa méthode de « *paranoïa critique* » comme « *connaissance irrationnelle basée sur l'association* ». Philosophiquement, ce mouvement s'oppose en tout point aux doctrines fondées sur le pouvoir de la conscience et de la raison. C'est l'inconscient qui devient la source de la créativité et d'une réalité insoupçonnée par la raison. Ce n'est plus la raison qui domine, dans l'homme, qui le fait agir et créer.

L'engagement politique

Les écrivains, les peintres, les poètes surréalistes rallient la cause marxiste*, qu'ils considèrent incarnée par le PCF et la révolution bolchevique. D'abord méfiants, les Soviétiques utilisent ensuite abondamment cette influence majeure pour servir leurs intérêts. Breton soutient un régime qu'il connaît mal. *Le Surréalisme au service de la Révolution*, créé en 1930, remplace *La Révolution surréaliste* et exprime la soumission du mouvement. En novembre 1930, Aragon se rend au congrès de Kharkov et signe un texte promettant une autocritique. L'aveuglement des intellectuels n'est pas la seule cause de ce ralliement. La volonté de peser sur la réalité et de la transformer l'explique tout autant. La rupture entre Aragon et Breton, les poètes communiste et surréaliste, est encouragée par Elsa Triolet, qui supportait mal le rejet du roman par le groupe surréaliste. La vraie rupture surviendra lorsque le PCF rassemblera les écrivains pacifistes contre le fascisme*, en 1934 et en 1936, par l'insoumission de principe des surréalistes face aux institutions autoritaires communistes.

La vérité en peinture

Le peintre italien De Chirico (1888-1978) fut perçu comme une révélation par les surréalistes. Il chercha dans sa peinture à viser un « système onirique » : les objets représentés dans le tableau sont choisis en fonction de leur vie symbolique. Ainsi, la peinture dévoile la vérité en se détournant du quotidien.

Le mouvement surréaliste fit exploser les cadres de la création artistique et poétique, influença toutes les conceptions contemporaines et fut marqué par l'engagement politique.

La tentation révolutionnaire

Les intellectuels s'engagent et se divisent dans cette période troublée par la guerre d'Espagne, la montée du nazisme et la naïveté de nombreux pacifistes.

Nizan : *Les Chiens de garde*

C'est en communiste engagé révolté contre la montée du fascisme et la complicité impuissante des intellectuels* bourgeois que Nizan, philosophe condisciple de Sartre à l'École normale supérieure, publie une critique acerbe de ceux qu'il soupçonne de profiter lâchement de leur statut social pour protéger l'ordre établi.

Un vent de révolte

Cédant ou non à la séduction exercée par l'URSS, de nombreux écrivains veulent en finir, dans les années 1930, avec l'ordre social, les uns pourfendant la bourgeoisie (Paul Nizan), les autres rejetant le nationalisme* au nom du pacifisme* (Romain Rolland).

L'affaire d'Éthiopie

Après une tentative infructueuse en 1896, l'Italie fasciste de Mussolini envahit l'Éthiopie le 2 octobre 1935 dans une relative indifférence des démocrates européens. Présente en Méditerranée, la célèbre Royal Navy ne bouge pas. En France, les intellectuels* se déchirent. À l'extrême droite, une pétition est publiée dans *Le Temps* et réunit 64 signatures sous l'appel au « pacifisme » de Maurras. En face, la réaction est vive : Malraux, Gide, Romains, Mounier, etc. appellent à la résistance contre le fascisme* colonialiste. Les chrétiens eux-mêmes, à l'image de Mauriac, sont divisés et ne suivent plus les nationalistes* comme au temps de Dreyfus : c'est le sens de leur propre manifeste. Les limites du pacifisme éclatent : en refusant tout usage de la force pour défendre le droit, ils laissent les mains libres à ceux pour qui les droits de l'homme n'ont aucune valeur. L'Allemagne saura s'en souvenir.

Alain : l'engagement pacifiste

Professeur réputé, journaliste prolifique (il publie des milliers de petits textes, les « Propos », dans *La Dépêche de Rouen*), Émile Chartier, dit Alain (1868-1951) s'engage volontairement comme artilleur de 1914 à 1917. Il défend un individualisme* influencé par Descartes. Son pacifisme se fonde sur l'idée que les hommes ne peuvent transformer le monde mais doivent tâcher de se changer eux-mêmes. Attaché à la démocratie et au suffrage universel, il parie sur le bon sens et la raison universelle, non sur l'armée, pour changer les choses : elle est le lieu où l'oppression des plus faibles est bien souvent

les origines | l'entre-deux guerres | l'explosion existentialiste

légitimée. Son courage personnel fut indiscutable (il s'engagea à 46 ans !), mais son réalisme, qui en fit un défenseur du pacifisme, fut rejeté par beaucoup, à l'instar de Raymond Aron, qui, dans ses mémoires, considéra qu'il s'agissait là de la pire des défenses face à la montée du nazisme.

L'aventure de Malraux

L'auteur de *La Condition humaine* (prix Goncourt 1933) incarne la figure de l'intellectuel engagé. Il conçoit sa propre vie comme un roman d'aventures où se mêlent la lutte contre le fascisme, une passion pour l'Orient, le goût de l'action et de la résistance. Le Front populaire espagnol (pouvoir légitime) est attaqué le 18 juillet 1936 par l'armée. Malraux s'engage aux côtés des républicains. Il se bat d'abord pour une aide militaire française. Mais, les gouvernements français et britannique refusent de le suivre sur ce terrain. Son escadrille de volontaires défend pourtant Madrid contre le général Asensio. Suivront des opérations à Teruel, Santa Amalia, Olmedo, Malaga. *L'Espoir* retranscrit l'héroïsme du combattant et la nécessité de l'engagement*. Il rallie le général de Gaulle après la guerre : une longue fidélité commence…

Une résistance avant l'heure

En 1927, Julien Benda publie un pamphlet, *La Trahison des clercs*, qui dénonce violemment le manque de sincérité des écrivains et des savants, coupables à ses yeux de ne s'intéresser qu'à leurs seuls intérêts, délaissant les causes universelles et éternelles. Les intellectuels trahissent ainsi leur vocation et leur raison d'être : défendre les valeurs humanistes* au-delà des contingences sociales et historiques. Cette trahison annonce la barbarie à venir.

> « Ce qui se dressait devant moi, c'était l'orgueil de l'intellectuel, qui sait que le social est plus fort mais lui aura au moins signifié qu'il n'est pas l'intellectuel. »
> Julien Benda, *La Trahison des clercs*, 1927.

Le Front populaire et le CVIA

La création du Front populaire date du 14 juillet 1935. Presque un an avant, les communistes fondaient le Comité de vigilance des intellectuels antifascistes. Lorsque Hitler viole le traité de Locarno (1925) en remilitarisant la Rhénanie, les pacifistes s'imposent au sein du Comité, laissant la voie libre au nazisme.

L'entre-deux guerres est marqué par le goût de l'aventure révolutionnaire, la révolte contre l'ordre établi et la tentation pacifiste devant la montée du nazisme.

La tentation fasciste

Compromis par leur antisémitisme et leur collaboration, certains écrivains français ont parfois mis leur talent au service du pire.

Drieu La Rochelle : un destin tragique

Il représente à lui seul une série de contradictions. Pierre Drieu La Rochelle fut assez tôt fasciné par l'aventure politique. La guerre lui semblait le moyen de dépasser la médiocrité et l'égoïsme dont sa jeunesse libertine et sans gloire témoignait. Ancien combattant de la guerre de 1914-1918, ayant fréquenté les écrivains surréalistes*, la *NRF* (dont Gide et Malraux), des antifascistes et des socialistes*, il se range aux côtés du Parti populaire français de Jacques Doriot, un ancien communiste « converti » au fascisme*. Dans ses romans autobiographiques (*Un chef*), il glorifie l'action et l'autorité. Ses articles plaident pour un dépassement de toutes les faiblesses parlementaires. Il se « convertit » à l'antisémitisme dès l'avènement du Front populaire de Léon Blum en 1936 (son roman *Gilles* l'expose fièrement). Directeur de la *NRF* sous l'Occupation nazie, il soutient l'Allemagne puis prend conscience de sa défaite inéluctable en 1943. Contradictoire jusqu'au bout, il penche alors du côté russe… La Résistance fait rage. Il refuse les aides, la fuite à l'étranger. Une première tentative en août 1944, puis le suicide le 16 mars 1945.

Le « cas » Céline

Inclassable, atypique sur tous les plans, son génie littéraire lui donne le prix Renaudot 1932 pour *Voyage au bout de la nuit*. La haine du malheur, une sorte de désespoir flamboyant : ses antihéros, Bardamu pour le *Voyage*, lui-même dans son autobiographie (*Mort à crédit*) et sa fuite à la Libération (*D'un château l'autre*) rendent difficile tout jugement définitif.

les origines | l'entre-deux guerres | l'explosion existentialiste

Il réinvente l'écriture avec un style exprimant le rythme, l'intensité de la vie même. L'un des paradoxes de cet écrivain est d'avoir produit un tel bouleversement littéraire qu'il fut idolâtré, souvent imité. Le journaliste et écrivain de droite Louis Pauwels, collaborateur du *Figaro*, lui consacre une interview célèbre, dans laquelle le génie provocateur de Céline apparaît à la fois admirable et pathétique. Se moquant des honneurs et de la reconnaissance du milieu littéraire, il n'a pourtant jamais cessé de réagir à sa mise en « quarantaine », tellement justifiable.

L'horreur est pourtant là, dans ses pamphlets antisémites, dont *Bagatelles pour un massacre*, interdit aujourd'hui. Atteint par le paludisme, l'ex-engagé de 1914 (*Les Carnets du cuirassier Destouches*) devenu médecin écrivain puis collaborateur s'éteint en 1961, ayant tout à la fois transformé la littérature et sali une partie de sa mémoire.

Brasillach : de l'écriture à l'exécution

Issu de la jeune droite nationaliste* des années 1930, Robert Brasillach (1909-1945) s'enflamme pour la passion délirante du nazisme, les discours du Führer, participe à *L'Action française* et à la revue nationaliste* *Je suis partout*. Il loue un fascisme vitaliste mêlant

le retour à la nature et la puissance du corps humain, dans *Les Sept Couleurs*. Violemment antisémite et antigaulliste, il fut mobilisé en 1939, prisonnier en 1940 et ne cessa de collaborer. Après un procès retentissant, il est condamné à mort le 19 janvier 1945. On se mobilise de tous bords pour le défendre. Maurras est gracié, Brasillach fusillé le 6 février 1945.

Robert Brasillach lors de son procès.

Demande de grâce
L'exécution de Brasillach ne fit pas l'unanimité. Une pétition regroupant des intellectuels* gaullistes, des anciens résistants (y compris Albert Camus), est envoyée au général de Gaulle pour demander une grâce qu'il refusera.

Paradoxalement, l'intelligence et la créativité n'excluent pas la complaisance avec le mal. En témoignent les actes et les écrits de quelques écrivains qui, par ailleurs, ont pu marquer notre époque par certains de leurs romans.

La vie des revues

L'entre-deux guerres est marqué par l'éclatement des revues et des idées. Les « collaborationnistes » affrontent les humanistes et les communistes sur le terrain du nationalisme.

La *Nouvelle Revue française*

Lancée en 1909 par André Gide entouré de Jean Schlumberger, Jacques Copeau et André Ruyters, la « NRF » publia des essais, des romans (dont *La Porte étroite* de Gide) et eut une influence prépondérante dans l'engagement* des écrivains. Marquée par Paul Claudel et son catholicisme, la revue accueillit les plus grands écrivains… mais refusa Proust ! Et fut associée, pour survivre, à l'éditeur Gallimard. Issue du dreyfusisme, la revue fut pourtant « reprise en main » par Pierre Drieu La Rochelle et les autorités allemandes. Tous les fondateurs historiques (excepté Gide dans un premier temps) quittèrent alors la *NRF,* qui fut interdite à la Libération, lors de l'épuration. Sa renaissance sous l'égide de Jean Paulhan en 1953, sous le titre étonnant *La Nouvelle Nouvelle Revue française,* ne fut qu'éphémère.

Le personnalisme d'*Esprit*

En compagnie de Georges Izard, Emmanuel Mounier fonde la revue *Esprit* en octobre 1932. Plaçant la personne humaine au centre de leurs préoccupations, les intellectuels* qui y participent rejettent le matérialisme marxiste*, le nationalisme* d'Action française et le mercantilisme de la société capitaliste. Précédant l'individualisme* humaniste* de l'existentialisme*, le « personnalisme » défend les valeurs chrétiennes et démocratiques, ce qui amènera ses représentants à s'engager contre le fascisme* en Europe (notamment contre le franquisme) et contre le stalinisme. La revue concentra ses critiques contre « l'esprit de Munich », qui vit les démocrates laisser librement s'étendre

Le mythe vitaliste

« *Le jeune fasciste, appuyé sur sa race et sur sa nation, fier de son corps et de son esprit lucide, méprisant les biens épars de ce monde, le jeune fasciste qui chante, qui matche, qui travaille, qui rêve, il est tout d'abord un être joyeux. Le comitard radical, le maigre conspirateur judéo-socialiste, le consommateur d'apéritifs, de motions et de compromis peut-il comprendre cette joie ?* » **Robert Brasillach, Les Sept Couleurs, 1939, cité par Michel Winock dans Le Siècle des intellectuels, p. 408.**

les origines | **l'entre-deux guerres** | l'explosion existentialiste

Congrès de la revue *Esprit* en juillet 1949 : Jean Lacroix, Emmanuel Mounier et Jean-Marie Domenach.

en Tchécoslovaquie la folie guerrière et mensongère d'Hitler. Lorsque le gouvernement de Vichy met en place le « statut des juifs », destiné à organiser leur exclusion de la société française, Mounier et son équipe réagissent avec vigueur à l'antisémitisme en dénonçant explicitement ce statut « honteux ». Mounier poursuivit son travail sous l'Occupation, considérant alors que le seul engagement possible était d'ordre spirituel.

La réaction, toujours…

L'humanisme est rejeté par les partisans de Vichy : les revues nationalistes (*L'Action française*, *La Gerbe*) et antisémites (*Je suis partout*) rejettent avec violence les idéaux démocratiques au nom de l'« ordre nouveau », la soumission à l'ordre de l'envahisseur.

Je suis partout fut la tristement célèbre (100 000 exemplaires !) voix française de la collaboration. Sous la houlette de Brasillach (*voir* pp. 20-21), ses partisans admirent ouvertement le régime nazi et son apologie du « vitalisme », cette glorification de la force au détriment des valeurs humanistes et rationalistes. Être « vitaliste », ce n'est pas seulement flatter le corps, l'instinct irrationnel au détriment des valeurs spirituelles, c'est aussi développer une haine des libertés individuelles et des réflexions issues du rationalisme, de l'humanisme, du siècle des Lumières, au profit d'un soi-disant « bon sens » que posséderait instinctivement le peuple. Les collaborateurs de telles revues participèrent donc, à leur manière et par leur engagement, à l'arrivée du pire en Europe. Percevant le fascisme comme le seul rempart contre le communisme*, ils exprimèrent la pire forme de nationalisme antisémite.

Europe

Succédant à Balzagette en 1929, Jean Guéhenno dirige cette revue de gauche qui publie des articles éclectiques, allant des socialistes* modérés aux anarchistes* les plus virulents en passant par Trotski lui-même ! La revue sera le terrain d'affrontements entre pacifistes et bellicistes, notamment à la suite du pacte germano-soviétique.

Le monde des revues est divisé comme la société française. La *NRF* est investie par les collaborationnistes, les personnalistes d'*Esprit* optent pour une réflexion morale et critique afin de lutter contre la menace nationaliste.

Aron ou l'engagement à contre-courant

Considéré par de nombreux intellectuels comme un penseur conservateur, Raymond Aron fut pourtant très tôt lucide sur les dangers qui menaçaient l'Europe avant la guerre.

> « Parce qu'il est à la fois animal et esprit, l'homme doit être capable de surmonter les fatalités inférieures ; celles des passions par la volonté, celle de l'impulsion aveugle par la conscience, celle de la pensée indéfinie par la décision. En ce sens, la liberté, à chaque instant, remet tout en jeu, et s'affirme dans l'action où l'homme ne se distingue plus de lui-même. »
> Raymond Aron, Introduction à la philosophie de l'histoire.

La formation allemande

Ayant obtenu un poste d'assistant en Allemagne en 1930, Raymond Aron (1905-1983) se forme à la pensée allemande, en particulier à la phénoménologie*. Lecteur des philosophes de l'histoire, il s'interroge sur les conditions de la connaissance objective du passé humain, ainsi que sur le rôle pratique, social, que l'historien est obligé de jouer malgré lui en pratiquant son métier. Il soutient sa thèse en 1938 à la Sorbonne. Son jury, pourtant composé de grandes figures de l'histoire et de la philosophie, ne comprend pas son entreprise. Son *Introduction à la philosophie de l'histoire* s'appuie sur une analyse serrée des méthodes utilisées en histoire et de leurs présupposés théoriques. Renvoyant dos à dos le positivisme et le relativisme historique, il plaide pour une connaissance historique spécifique, à la fois objective et engagée par son travail même au cœur de son époque. Son originalité philosophique réside avant tout dans la méthode utilisée : plutôt que de fonder une nouvelle représentation de l'homme et du monde à l'aide de concepts et de raisonnements abstraits, il établit de vastes synthèses en comparant les doctrines entre elles à partir de ses propres exigences. Il cherche à montrer que si l'histoire n'est pas une science comme la physique ou la biologie, dans la mesure où l'historien agit sur son objet par la connaissance du passé qu'il établit, il faut en même temps rejeter le scepticisme, qui aboutit à se désengager de la politique.

Un spectateur engagé

Ayant côtoyé Sartre, Nizan et Mounier à l'ENS, Aron participe à la revue *Bifur* et s'engage très tôt contre le fascisme*. Il perçoit la catastrophe à venir, bien plus lucidement que ses amis intellectuels*. Contre le pacifisme d'Alain, notamment et, bien plus encore contre les partisans des accords de Munich, il vit de l'intérieur l'antisémitisme. Ayant travaillé en Allemagne plusieurs années, il fait découvrir à Sartre les textes de Husserl et Heidegger. Réfugié à Londres durant l'Occupation, il rédige une série d'articles formant l'essentiel de *L'Homme contre les tyrans*. Se définissant lui-même comme un « *spectateur engagé* », il associe l'esprit critique et le sérieux universitaire dans une défense lucide et acharnée des valeurs humanistes*.

Au sortir de la guerre, Aron participe avec Merleau-Ponty et Simone de Beauvoir à la fondation de la revue *Les Temps modernes* sous l'égide de Jean-Paul Sartre, avec lequel il se brouillera pour des raisons politiques. Sartre critique sévèrement la société capitaliste, qu'Aron défend au nom d'un certain réalisme politique.

Une carrière

Sa critique du marxisme* l'isole des autres intellectuels qui, de la guerre froide à Mai 68, vont être tentés par les utopies révolutionnaires. Professeur au Collège de France, il renouvelle profondément la sociologie (*Les Étapes de la pensée sociologique*, 1967), la science politique (*Démocratie et totalitarisme*, 1965) et la méthodologie historique (*Dimensions de la conscience historique*, 1961). Il soutient à contre-courant de ses « collègues » intellectuels les idées sociales-démocrates et le libéralisme*.

L'opium du peuple

La lucidité d'Aron apparaît avant la guerre dans son opposition au fascisme européen. Dans la même optique, il rejettera plus tard le communisme* à l'œuvre dans les pays de l'Est et fustigera dans un essai les intellectuels qui, comme Sartre, furent les « compagnons de route » du PCF.

Sa réputation de penseur refusant l'engagement contraste singulièrement avec la réalité de ses premières recherches portant sur les conditions d'une science historique. L'importance philosophique de l'histoire ne relève pas seulement de la connaissance du passé, mais de la responsabilité qui en découle.

Sartre tout-puissant

Sur les bases de la pensée allemande, Jean-Paul Sartre fonde une philosophie de la liberté récusant (d'abord) tous les déterminismes. L'homme est alors engagé, malgré lui, dans l'Histoire.

Sartre a défini ainsi son œuvre :
« Ce que j'ai cherché, c'est l'événement qui doit être écrit littérairement et qui en même temps doit donner un sens philosophique. »

La liberté en situation

La Libération voit le monde et la France coupés en deux. Yalta divise aussi les esprits français : les communistes* contre les gaullistes. L'existentialisme* représente une autre conception philosophique de la réalité humaine. Certes, la condition de l'homme est tragique puisque, si Dieu n'existe pas, aucune autorité ne vient garantir le bien-fondé de l'engagement* politique, pas plus le sens de l'Histoire des marxistes que le salut de l'âme des chrétiens. Et pourtant, l'homme est bien « en situation », ce qui signifie qu'il ne peut pas ne pas se choisir à travers ses actes et, par là même, engager l'humanité entière. Cette liberté marquée par le poids de la responsabilité est la thèse la plus radicale de l'« existentialisme », qui domine le paysage philosophique français de l'après-guerre.

Pour l'existentialisme, l'« engagement » n'est pas

La mauvaise foi

L'expression prend une valeur philosophique dans la mesure où elle désigne le refus conscient de ne pas assumer le fait d'être l'auteur et le maître de ses actions. Faire passer un engagement ou un comportement pour l'expression d'une « nature » psychologique ou biologique est donc faire preuve de « mauvaise foi ».

les origines | l'entre-deux guerres | l'explosion existentialiste

une option, un choix possible pour l'individu. Selon Jean-Paul Sartre (1905-1980), l'homme ne choisit pas d'être engagé, et la politique ne constitue que l'une des formes concrétisant l'engagement originel de l'être humain.

Sur tous les fronts

Le succès de ses romans (*La Nausée*), de son théâtre (*Les Mouches, La P… respectueuse*) accompagne un travail philosophique de fond sur la liberté à l'œuvre dans toutes les situations. Là où le matérialisme déterministe et le spiritualisme religieux s'affrontent pour savoir ce qui détermine les pensées et les actions humaines, Sartre fait « redescendre » la liberté là où on ne l'attend pas : dans l'émotion, l'imagination, le désir, la perception, etc. La sexualité elle-même relève d'un choix existentiel préalable par lequel l'homme se construit, et non d'une nature biologique préétablie. *L'Être et le Néant* est l'ouvrage développant en profondeur cette pensée vivante qui ne cessera d'évoluer au contact de l'histoire, de la politique et des sciences humaines.

> « La conscience est un être pour lequel il est dans son être, question de son être en tant que cet être implique un être autre que lui. » *L'être et le Néant.*

Une morale de l'action

Sans autre fondement que lui-même, l'homme est, pour Sartre, « *condamné à être libre* », c'est-à-dire à construire le sens de sa vie sans le secours d'une nature humaine quelconque. À la fois théorique et pratique, la philosophie existentialiste suppose d'accorder un statut central à la conscience. Héritier de la philosophie allemande (Hegel, Husserl, Heidegger), Sartre dramatise les données de la phénoménologie* pour marquer l'urgence paradoxale de l'engagement humain. Le refus de toute complaisance côtoie dans cette pensée un individualisme* généreux. Les années 1950 voient l'apogée de l'influence existentialiste dans tous les domaines.

« La guerre a vraiment divisé ma vie en deux. Elle a commencé quand j'avais 34 ans, elle s'est terminée quand j'en avais 40, et ça a vraiment été le passage de la jeunesse à l'âge mûr. » Jean-Paul Sartre, *Les Carnets de la drôle de guerre*, 1940.

Dans le tumulte de la Libération, l'existentialisme s'impose comme une philosophie de la liberté faisant de l'engagement et de la responsabilité les fondements… sans fondements de l'action humaine. Paradoxalement condamné à être libre, l'homme est décrit dans toutes ses situations comme projet et non comme nature.

La mode et le fond

Au-delà du tumulte qui agite Paris et de la mode existentialiste, un double travail s'effectue, sur le terrain de l'engagement philosophique et de la philosophie.

Une vie à improviser

Tous les domaines sont touchés par la vague existentialiste*. La littérature, bien sûr, mais aussi le théâtre, la critique littéraire, les milieux de la musique et de la mode. La futilité côtoie ainsi la profondeur d'une pensée qui colle à cette époque où l'on redécouvre dans les caves de Saint-Germain-des-Prés le goût enivrant de la liberté. Le jazz présente ainsi cette double face de l'existentialisme. L'engagement y est à la fois nécessaire et difficile, puisque l'essence de ce courant musical est l'improvisation. La jeunesse perçoit dans ce courant un souffle de liberté qui fait basculer les idées et l'ordre établi. Le *Café de Flore* et tout le quartier de Saint-Germain-des-Prés attire cette faune en mal de révolte. Les conventions volent en éclats. La presse bien-pensante s'insurge contre cette mode étonnante, que Boris Vian tournera en ridicule (*Le Manuel de Saint-Germain-des-Prés*, *L'Écume des jours*) en raillant les adorateurs souvent ignorants de la philosophie du « maître ».

La question politique

Présent dans toutes les batailles, Sartre rédige en 1947-1948 les *Cahiers pour une morale* qui ne paraîtront qu'après sa mort, une série de réflexions denses visant à construire une éthique* existentialiste. Ses *Réflexions sur la question juive* décrivent la situation des juifs et démontent tous les mécanismes psychologiques de l'antisémitisme pour en appeler à la reconnaissance universelle de leurs droits. Vis-à-vis du communisme*, Sartre est encore très critique à l'égard du matérialisme* pur et dur qu'affichent les marxistes

« orthodoxes ». Son humanisme* de combat ne le pousse dans aucun parti, mais le virage de la guerre et sa gloire naissante lui donnent une responsabilité extraordinaire : le sens du mot « intellectuel » prend alors une valeur incomparable.

Sur tous les plans

Les bombardements d'Hiroshima et de Nagasaki donnent l'occasion à Sartre de plonger sa philosophie au cœur du tragique humain. Il est, de fait, impossible au théoricien de l'engagement de ne pas attacher la liberté à une lutte universelle, à une interrogation sur toutes les menaces qui pèsent sur l'humanité coupée en deux. En novembre 1946, lors d'une conférence à l'UNESCO, il soutient le principe d'une responsabilité nouvelle de l'« écrivain engagé » : si le langage fait exister le monde, l'écriture le transforme. Aucun écrivain ne peut et ne doit l'ignorer. Tout homme, par sa condition et son travail, est « engagé » quoi qu'il fasse. La particularité de l'écrivain est qu'il est plongé dans l'univers des mots. Il peut croire que son travail n'a que peu d'influence sur le monde dans lequel il vit. En réalité, par ses mots, il fait naître des mondes possibles dans l'esprit de ses lecteurs et les met en situation d'accepter ou de refuser le monde dans lequel ils vivent. L'écrivain est donc bien plus responsable qu'il ne l'imagine. En responsabilisant ainsi l'écrivain, Sartre fait de l'engagement une dimension constitutive à la fois théorique et pratique de la définition même de l'« intellectuel ».

« Ce n'est pas dans je ne sais quelle retraite que nous nous découvrirons : c'est sur la route, dans la ville, au milieu de la foule, chose parmi les choses, homme parmi les hommes. » **Jean-Paul Sartre, « Une idée fondamentale de la phénoménologie de Husserl : l'intentionnalité »,** *Situations I* **(1947).**

Sartre et les staliniens

Au Congrès mondial de la paix, à Wroclaw, en 1948, les écrivains staliniens (Fadeïev en tête) s'en prennent à Sartre (absent), violemment accusé – « *Cette hyène dactylographe, ce chacal muni d'un stylo* » – devant Huxley, Eluard, Vercors, Picasso ! Ne percevant que la mode, de nombreux communistes méprisèrent alors le « fond » existentialiste.

Entre la futilité de la mode existentialiste et les engagements fondés sur une philosophie authentique, la gloire sartrienne éclate sur les ruines de la victoire des alliés sur la barbarie nazie et sur fond de guerre froide. L'engagement est alors moins une mode qu'une nécessité.

Premières oppositions

Sur les plans philosophique et littéraire, l'existentialisme compte de nombreux opposants, y compris parmi les penseurs les plus proches, à l'origine, de la pensée de Sartre.

L'autre phénoménologie

D'abord proche collaborateur de Sartre et de son équipe des *Temps modernes*, Maurice Merleau-Ponty (1908-1961) s'oppose philosophiquement au primat de la conscience que semble soutenir l'auteur de *L'Être et le Néant*. Interrogeant la psychologie et la science sur leur propre terrain, Merleau-Ponty, dans un humanisme* original hérité de la phénoménologie* allemande, réévalue le statut du corps dans l'analyse de la réalité humaine. Refusant la causalité matérialiste des marxistes*, il publie *Les Aventures de la dialectique* en 1955, où il récuse le communisme* sous-jacent de Sartre, sa croyance dans le bien-fondé historique de la politique soviétique.

Le fond de l'opposition est tout autant philosophique que politique. Sartre refuse théoriquement le déterminisme marxiste, mais accepte pratiquement ce qui lui paraît ici ou là réaliser ce que le marxisme contient de vérité. Merleau-Ponty refuse toute complaisance, fût-elle de circonstance, avec les dérives de l'engagement* au nom d'un prétendu sens de l'Histoire. Dès 1951, dans *Signes*, il rejette les illusions dues à la croyance en un progrès nécessaire de l'humanité.

L'opposition à Camus

Sur le fond, Camus et Sartre ont d'abord tout pour s'entendre. Leurs romans traitent de l'absurdité de la condition humaine. La contingence, c'est l'absence radicale de la justification de l'existence, comme le vivent les antihéros de *La Nausée* (Roquentin) et de *L'Étranger* (Meursault). A priori, la notion d'engagement n'est pas exclusivement

les origines | l'entre-deux guerres | l'explosion existentialiste

Philosophie ou politique ?

« N'est-ce pas un incroyable malentendu si tous les philosophes ou presque se sont crus obligés d'avoir une politique, alors qu'elle relève de « l'usage de la vie » et se dérobe à l'entendement ? La politique des philosophes, c'est celle que personne ne fait. Est-ce donc une politique ? N'y a-t-il pas bien des choses dont ils puissent plus sûrement parler ? »
Maurice Merleau-Ponty, *Signes*, Gallimard, 1960, p. 10.

Sartre et Camus : une lutte emblématique

Plus que les autres conflits, l'opposition entre les deux écrivains représente la rupture entre un humanisme prônant une révolte métaphysique et un philosophe refusant toute complaisance mais pariant sur la nécessité de s'allier avec les communistes, au risque de paraître justifier les crimes des staliniens.

politique, mais totale, puisque l'homme ne peut pas échapper à la nécessité de prendre parti, de dire par ses actes ce qu'il pense du monde, d'agir par ses paroles, même s'il choisit de se taire sur le malheur des autres. C'est sur le terrain politique que les deux hommes s'opposent. Camus fustige, dans une lettre adressée au directeur des *Temps modernes*, le messianisme illusoire de l'idéologie marxiste, le détournement de l'exigence de liberté. Il refuse ainsi la légitimation du meurtre par le théorie et appelle à une révolte plus simple que la révolution. Sartre, lui, rejette cette méfiance au nom d'une urgence politique et d'une confiance dans le *« rôle historique de la classe ouvrière »*.

Les opposants « internes »

Les attaques des chrétiens et des communistes* contre l'existentialisme sont relayées à l'intérieur même du cercle des proches des *Temps modernes*. Claude Lefort refuse le compagnonnage de route de Sartre avec le PCF. En 1952, Sartre publie un article, « Les communistes et la paix », qui lance une véritable polémique.

La rupture de 1956, l'invasion de la Hongrie par l'Armée rouge en 1956 est l'occasion pour les intellectuels français de s'insurger. Claude Lefort et Cornélius Castoriadis, fondateurs du mouvement Socialisme ou Barbarie prennent position très sévèrement contre le communisme institutionnel.

Les années d'après-guerre voient des oppositions théoriques et politiques aux principes de l'existentialisme. Sartre rompt alors parfois brutalement avec des alliés qui partageaient avec lui des conceptions du monde assez proches.

Les Temps modernes contre *Esprit*

Fondée en 1945, la revue *Les Temps modernes* représente l'engagement des intellectuels sur tous les terrains, de l'analyse littéraire, historique, aux prises de position politiques.

Sartre fossoyeur du communisme ?

« Pauvres intellectuels communistes : ils ont fui l'idéologie de leur classe d'origine, mais c'est pour la retrouver dans leur classe d'élection. Cette fois, c'est fini de rire ; travail, famille, patrie : il faut qu'ils chantent.[...] M. Garaudy, communiste et propagandiste, m'accuse d'être un fossoyeur. Je pourrais lui retourner l'insulte, mais je préfère plaider coupable : si j'en avais le pouvoir, j'enterrerais la littérature de mes propres mains plutôt que de lui faire servir les fins auxquelles il l'utilise. Mais quoi ? Les fossoyeurs sont des gens honnêtes, certainement syndiqués, communistes peut-être. J'aime mieux être fossoyeur que laquais. Puisque nous sommes encore libres, nous n'irons pas rejoindre les chiens de garde du PC... »
Jean-Paul Sartre, « Qu'est-ce que la littérature ? », Situations II (1948).

Des débuts tonitruants

Sartre est déjà un philosophe célèbre lorsqu'il fonde en 1945 la revue *Les Temps modernes*, en compagnie de Maurice Merleau-Ponty, Michel Leiris, Jean Pouillon, Jean-Baptiste Pontalis et Raymond Aron. Alliant la responsabilité et la liberté d'esprit de l'écrivain, le projet vise à appliquer et faire connaître les principes de l'engagement* hérités de l'existentialisme*. Toutes les polémiques d'après-guerre ont trouvé dans *Les Temps modernes* leur tribune, leur terrain de mésentente… Le succès est tel que Sartre lui-même en est surpris. Les plus grands écrivains s'y croisent pour des raisons littéraires et politiques : Samuel Beckett, Maurice Blanchot, Boris Vian et sa « Chronique du menteur », démarrée en 1947, mais aussi des écrivains alors inconnus et qui font leurs premières armes, comme Nathalie Sarraute.

Les intellectuels « en situation »

Sartre décrit philosophiquement la réalité humaine comme étant « en situation », c'est-à-dire dans un environnement et une histoire non choisis, mais qui donnent corps à la liberté. Si aucun courant de pensée ni aucune discipline ne sont a priori écartés (*Les Temps modernes* « accueillent » la psychanalyse*, par exemple), l'unité est dans le principe d'action par l'écriture sur la situation internationale (la décolonisation*, l'attitude à adopter durant la guerre froide, le procès Kravchenko, etc.). La revue analyse, prend position en courant le risque de penser sur le présent. Forçant

les origines | l'entre-deux guerres | l'explosion existentialiste

l'intellectuel* à un travail de journaliste critique, la revue a eu pour principe de ne pas parler de Sartre ou de sa philosophie comme thème directeur. C'est pourtant sa conception de l'engagement qui conditionne les analyses et les prises de position dès son origine.

Esprit et les procès de Moscou

Indépendante vis-à-vis du communisme*, la revue *Esprit* s'engage aussi, à sa manière, en refusant à la fois le camp « impérialiste » et le camp soviétique. Dans un numéro spécial de novembre 1949, consacré à « *la crise des démocraties populaires* », Emmanuel Mounier fustige « *l'orthodoxie policière* » imposée

La défense lors d'un des tristement célèbres procès de Moscou.

par les communistes aux intellectuels. Le dilemme de ceux-ci est alors symptomatique des années d'après guerre : comment critiquer le système capitaliste, les crimes du système soviétique sans passer pour un anticommuniste ? Les procès de Moscou plongent les intellectuels dans l'embarras. Derrière Mounier, les personnalistes choisissent de les condamner. L'humanisme* de cette revue est à la base de sa critique du marxisme*. Fondamentalement, ses partisans rejettent le matérialisme dialectique comme seule grille d'interprétation historique, d'où leur méfiance de principe à l'égard des communistes.

L'affaire Rajk

En 1949, l'ancien ministre hongrois Rajk est condamné à mort pour avoir fomenté un coup d'État pour Tito, dirigeant yougoslave et partisan farouche d'un socialisme* à visage humain, indépendant de l'URSS. Le quotidien *L'Humanité*, aux ordres, se déchaîne contre Rajk et, au-delà, contre Tito. Emmanuel Mounier démonte le mécanisme épouvantable de l'« autocritique » par lequel Rajk, comme tant d'autres, a été forcé d'avouer des crimes imaginaires.

La guerre froide force les intellectuels à prendre position. Rejetant le système capitaliste, ils ne peuvent pourtant justifier les crimes communistes. Leurs hésitations expriment la difficulté de s'engager dans un monde manichéen.

Littérature engagée ou dégagée ?

L'intransigeance des communistes détruit toute tentative pour élaborer une critique autonome des systèmes politiques en place. En face, les États-Unis font preuve d'une même logique arbitraire.

L'Opium des intellectuels

En 1955, Raymond Aron analyse brillamment et sévèrement dans *L'Opium des intellectuels* les causes et les conséquences de l'aveuglement des intellectuels français par le marxisme, désireux de sauver le prolétariat, et de ce fait souvent prêts à ignorer ou à excuser par avance les crimes commis au nom de la « *sainte révolution* ».

La violence des polémiques

Le journal *L'Humanité* représente pour tout le monde, ouvriers ou intellectuels*, « prolétaires » ou « bourgeois », l'espoir d'une révolution qu'incarne l'URSS. Pris au piège de ne pas vouloir jouer en faveur des « impérialistes américains », nombreux sont ceux qui ferment les yeux sur les goulags. En janvier 1949, Kravchenko est accusé à Paris d'avoir menti en rapportant ce qui était pourtant la vérité sur le peuple soviétique et l'existence des camps d'internement. La revue *Les Lettres françaises* se déchaîne contre l'écrivain. « *Kravchenko est un pantin dont les grosses ficelles sont made in USA* » (André Wurmser). L'aveuglement des intellectuels par l'orthodoxie communiste* à cette époque est d'autant plus dramatique que les sources d'information ne manquent pas.

Joseph McCarthy en personne, en 1950, lors d'une conférence sur… le maccarthysme.

les origines | l'entre-deux guerres | l'explosion existentialiste

L'horreur américaine

Sous l'égide du président Truman (1945-1952), le maccarthysme répond à l'hégémonie soviétique par les mêmes armes : les manipulations, les menaces sur les familles, sur les amis et le travail pour extorquer des « aveux » imaginaires, l'emprisonnement massif des esprits libres au nom de la menace communiste. Dans la lignée du plan Marshall, destiné à aider la reconstruction du bloc de l'Ouest, le sénateur McCarthy impose aux États-Unis et en dehors une chasse aux sorcières épouvantable qui vise directement l'autonomie critique des intellectuels vis-à-vis du pouvoir.

Les années 1950 en France : influence du Kominform

Raymond Aron avait prévu dès 1948 une rupture entre les trois partis : le PCF, la SFIO, et le MRP. Les intellectuels communistes européens jouent alors un rôle majeur. La rivalité durant la guerre froide s'exerce aussi sur le terrain des idées. Les Soviétiques institutionnalisent leur influence idéologique en créant le Kominform en 1947. Fixé à Belgrade, cet organisme fondé par Idanov, membre du PCUS, a pour but de lutter contre le maccarthysme, de favoriser l'éclatement d'une révolution en Europe, en refusant notamment toute compromission avec les gouvernements sociaux-démocrates bourgeois, même issus de la Résistance. La division des intellectuels français reflète cette guerre stratégique et explique leur résistance ou leur séduction face au communisme. *Esprit* et *Les Temps modernes* refusèrent cette division manichéenne du monde.

> « Les camps d'esclaves sous la bannière de la liberté, les massacres justifiés par l'amour de l'homme ou le goût de la surhumanité désemparent, en un sens, le jugement. Le jour où le crime se pare des dépouilles de l'innocence par un curieux renversement qui est propre à notre temps, c'est l'innocence qui est sommée de fournir ses justifications. »
> Albert Camus, *L'Homme révolté*, Gallimard, 1952.

> Les intellectuels français se déchirent sur fond de guerre froide dans un « dialogue » manichéen qui trouve ses sources dans le maccarthysme américain et le virage stalinien imprimé par le rapport Idanov et la création du Kominform.

Haro sur le titisme !

La condamnation de Tito par le Kominform est typique de l'intransigeance communiste. Il voulait créer une fédération balkanique regroupant l'Albanie, la Bulgarie et la Roumanie, mais se heurte à Staline, le « petit père des peuples », qui lance alors une nouvelle période de purges et de procès.

Les drames de la décolonisation

La guerre d'Indochine provoque essentiellement des critiques et des réflexions sur la nécessité de la paix. La question algérienne divise profondément la France, les sartriens prennent clairement parti.

Le Manifeste des 121

Sous la houlette de Sartre, Simone de Beauvoir et Marguerite Duras, un groupe d'intellectuels signe une pétition en faveur du FLN, de la désertion, et condamne les tortures infligées par l'armée française. La droite réagit par un Manifeste des intellectuels français, parmi lesquels on trouve Antoine Blondin, Gabriel Marcel, Roger Nimier...

La situation en Indochine

C'est en novembre 1946 qu'éclate la guerre d'Indochine ; l'armée française, sous le commandement de l'amiral d'Argenlieu (haut-commissaire à Saigon) et du général de Lattre de Tassigny, paraît devoir l'emporter. Mais les troupes pro-communistes (Viêt-minh) de Hô Chi Minh résistent sur le terrain de la guérilla. Le 7 mai 1954, la défaite de Diên Biên Phu sonne le glas d'une armée française au service du colonialisme. C'est surtout la peur d'une guerre mondiale qui aura fait réagir les intellectuels* français. Un ancien résistant, Henri Martin, est arrêté en 1950 pour atteinte au moral de l'armée et condamné à 5 ans de prison. Plusieurs pétitions et manifestations se succèdent où se retrouvent Aragon, Picasso, Sartre, Cocteau et qui aboutissent à un ouvrage collectif *L'Affaire Henri Martin* publié en 1953. À l'occasion de ce conflit de nombreux intellectuels français se rangent au côté des communistes indochinois sans forcément en partager les idées. L'engagement contre le colonialisation prend alors une forme radicale.

L'Algérie et la France déchirées

En novembre 1954, les Algériens se soulèvent. La nomination de Soustelle (gouverneur général à Alger, partisan de l'Algérie française) et le vote de l'état d'urgence ne changent rien. Si le Maroc et la Tunisie gagnent leur indépendance pacifiquement (il s'agissait de protectorats), l'Algérie devient le théâtre tragique d'un enlisement de l'armée française. Le général

les origines | l'entre-deux guerres | l'explosion existentialiste

Massu, responsable du maintien de l'ordre à Alger depuis 1957, soutient durement l'Algérie française. La torture sévit des deux côtés. Le référendum de janvier 1961 sur l'autodétermination et les accords d'Evian en 1962 marquent des étapes décisives vers la fin du conflit. Les intellectuels français de gauche sont unanimes dans leur protestation. Le plus engagé fut peut-être Francis Jeanson, qui organisa clandestinement un réseau de soutien aux nationalistes* algériens. Réfugié en Suisse, il est jugé en France. Sartre le soutiendra jusqu'au bout.

> « Je crains que nos philosophes n'en soient arrivés à "sacraliser" le FLN comme les intellectuels staliniens sacralisaient il y a quelques années le Parti communiste. C'est la recherche angoissée de l'absolu disparu. »
> Jean Daniel, *Esprit*, cité par Michel Winock dans *Le Siècle des intellectuels*, p. 670.

Naissance d'un idéal : Camus et Sartre

Les sartriens des *Temps modernes* ne sont pas les seuls à soutenir Francis Jeanson et son appel à refuser la guerre (*voir* brève : le Manifeste des 121), Albert Camus rejette le colonialisme français en Algérie mais refuse la violence au nom d'un universalisme* humaniste*. Militant pour une « *trêve civile* » et une « *communauté d'espoir* », il organise le 22 janvier 1957 une réunion de réconciliation qui tourne malheureusement à l'émeute. Camus est en avance sur son temps, mais les hommes ne sont pas encore prêts pour la paix.

> L'exigence pacifiste naît du sentiment d'absurdité généré par l'intervention française en Indochine. La guerre d'Algérie mobilisera davantage la réaction des intellectuels, à travers notamment les positions radicales des *Temps modernes*.

Jean-Paul Sartre manifeste à Paris en faveur des Algériens, qui ont fait l'objet d'expulsions suite aux événements du 17 octobre 1961.

Le monde totalitaire selon les intellectuels

Un monde divisé en deux facilite l'engagement... jusqu'au jour où les désillusions forcent la prise de conscience et les choix difficiles.

Le choc hongrois

Le XXᵉ congrès du PCUS, sous la houlette de Khrouchtchev, permet d'en finir (provisoirement) avec le culte de la personnalité propre au stalinisme. Mais, à la suite de l'insurrection hongroise, l'armée soviétique envahit la Hongrie en octobre 1956, à l'appel du gouvernement Gero. Imre Nagy, qui prônait l'indépendance de son pays, est enlevé et exécuté. En France, la réaction des intellectuels* est énorme. Officiellement, le PCF soutient la dictature, mais la révolte gronde en son sein. La revue *Esprit* (Jean-Marie Domenach et Pierre Emmanuel en tête) analyse et rejette le totalitarisme soviétique. Cette désillusion va déterminer la perte de crédibilité du communisme* dans les années qui suivent.

La fin du printemps de Prague

Jamais l'URSS n'avait, avant cette nuit du 20 au 21 août 1968, déplacé autant de militaires pour écraser l'insurrection tchèque. Alexandre Dubcek (premier secrétaire du parti) et ses principaux alliés furent arrêtés dans la nuit. Josef Pavel (ministre de l'Intérieur) fut contraint à la clandestinité. Une résistance passive s'organisa par le biais des radios, des télécommunications. Les 250 000 envahisseurs russes ne purent empêcher la tenue du XVIᵉ congrès du PC tchèque. La liberté de pensée et d'action était en jeu… En France, Aragon, bouleversé, s'indigna jusqu'à menacer l'existence de sa revue *Les Lettres françaises*. Critiquant l'intervention soviétique, il prit le risque de voir suspendre ses abonnements provenant des pays communistes…

les origines | l'entre-deux guerres | l'explosion existentialiste

Prague, 1968. Photo de Josef Koudelka. Né en Tchécoslovaquie en 1938,
Koudelka est à Prague le jour de l'intervention de l'armée soviétique et photographie
ce qui se déroule dans les rues, où s'affrontent Tchèques et Soviétiques. Ses photographies
passent la frontière en secret. C'est l'agence Magnum qui distribue le reportage ; celui-ci est
publié dans tous les grands magazines du monde. En 1969, Koudelka reçoit pour ce reportage
le prix Robert Capa. En 1970, il quitte la Tchécoslovaquie.

Le dilemme des Six-Jours

Le conflit naît de la conviction de Nasser, le raïs égyptien,
d'avoir acquis avec l'aide des Soviétiques la puissance
militaire pour défaire l'État hébreu. Il décrète le blocus et
ferme le détroit de Tiran, fermant l'un des deux accès
maritimes et menaçant ainsi la survie même d'Israël. Le
5 juin, Israël décide de prendre les devants et déclenche
les hostilités. En 6 jours, les troupes israéliennes parvien-
nent à défaire les 3 armées arabes (syrienne, égyptienne
et jordanienne) coalisées contre Israël. Les manifestations
et les pétitions d'intellectuels qui suivirent en France
illustrèrent le dilemme des intellectuels, à la fois engagés
dans la défense des Arabes et des Israéliens. Le déchire-
ment de Sartre incarne cette ambiguïté. Au malheur
des réfugiés palestiniens correspond le danger menaçant un État hébreu entouré d'ennemis jurant sa perte.

Les invasions
soviétiques
en Hongrie et en
Tchécoslovaquie
mirent
les intellectuels
français dans
l'obligation
de se libérer
de leur modèle.
La guerre des
Six-Jours
leur posa un tout
autre problème…

la philosophie
des sixties   grandeur ou
décadence ?   approfondir   L'engagement des intellectuels   39

Féministes de tous les pays

Le féminisme contemporain doit à Simone de Beauvoir un fondement philosophique majeur, même si d'autres tendances vont la contester et lui succéder.

Le Manifeste des 343

Le Nouvel Observateur publie le 5 avril 1971 un manifeste regroupant 343 femmes célèbres reconnaissant avoir avorté et réclamant ce même droit pour toutes les autres. Parmi les signataires : Simone de Beauvoir, Marguerite Duras, Jeanne Moreau, Agnès Varda, Gisèle Halimi, Catherine Deneuve…

Le Soldat inconnu

À la suite de sa création (1970), le MLF manifeste sur la tombe du Soldat inconnu derrière une banderole qui deviendra célèbre : « Il y a plus inconnu que le soldat : sa femme. »

La bombe du *Deuxième Sexe*

Venue tardivement au féminisme*, Simone de Beauvoir publie en 1949 *Le Deuxième Sexe,* qui va révolutionner la forme et le contenu de ce mouvement. La thèse principale est la découverte de l'absence de nature féminine. Appliquant le principe existentialiste hérité de Sartre selon lequel « *l'existence précède l'essence* », Simone de Beauvoir démystifie la féminité en dévoilant la fonction sociologique et politique de la croyance en cette nature. L'homme utilise les soi-disant « qualités féminines » pour organiser une véritable domination qui traverse tous les domaines, de l'éducation à l'économie en passant par la politique et bien entendu la sexualité. Ainsi, « *on ne naît pas femme, on le devient* ». La nature ne donnant aux hommes et aux femmes qu'une situation, l'essentiel de ce qui fait la dignité ou la limite des uns et des autres dépend d'un choix de vie fondamental. Aimer, avoir des enfants ou non, choisir telle ou telle sexualité relève d'une authentique liberté : c'est le début du féminisme…

Le livre provoque un scandale chez les bien-pensants de tous bords : les catholiques s'insurgent, les communistes* ricanent, les hommes mais aussi les femmes reprochent à l'auteur de parler trop librement de sa sexualité.

La diversité féministe : Women's Lib et MLF

D'autres courants se multiplient dans les années 1960 et critiquent parfois le radicalisme du féminisme existentialiste, qui défend une égalité homme-femme. Le courant différencialiste* (Luce Irigaray) souligne

les origines | l'entre-deux guerres | l'explosion existentialiste

une spécificité fémi-
nine en recourant
à la psychanalyse*. Le
Women's lib (« libéra-
tion de la femme »)
aux États-Unis, le MLF
en France concréti-
sent ces luttes sur tous
les terrains de la vie
sociale (droit à l'IVG,
égalité salariale,
dénonciation du
machisme et du har-
cèlement sexuel). Il
existe enfin une plura-
lité de féminismes ; les

Manifestation à Paris
de la République
à la Nation,
le 20 novembre 1971,
en faveur
de la légalisation
de l'avortement.

marxistes* considèrent la transformation de la société
comme le moyen nécessaire ; les différencialistes
refusent la négation universelle de toute nature féminine comme garant de leur liberté : le droit des
femmes dérive alors de leur particularité irréductible.

Le paradoxe de Mai 68

C'est parfois au nom de la révolution qu'une certaine
critique de la société a pu reproduire les schémas
de domination masculine, aussi bien à gauche
qu'à droite. En témoignent le vote tardif des femmes
en France et leur faible représentation politique.
Le milieu politique issu de Mai 68 ne fut pas à
ce niveau plus courageux que celui de l'entreprise ou
de l'université. La France n'a pas forcément la classe
dirigeante qu'elle mérite, mais celle qui lui ressemble.
Gisèle Halimi crée la revue *Choisir* en 1972,
un moment clé dans la lutte pour le droit à l'IVG.
Simone Veil, ministre, fait adopter la loi autorisant
l'IVG en 1975 sous les huées de l'Assemblée nationale.
C'est avec un retard extraordinaire que la parité
se met doucement en place en 2002. Les temps
changent… lentement.

Le combat
féministe
ressurgit
avec l'analyse
de Simone
de Beauvoir dans
Le Deuxième Sexe
et donne naissance
à une série de
courants parfois
contradictoires,
mais toujours
essentiels dans
le combat pour la
dignité humaine.

la philosophie
des sixties   grandeur ou
décadence ?   approfondir   L'engagement des intellectuels 41

Les prophètes de la déconstruction

Les années 1960 voient l'émergence dans tous les domaines de méthodes privilégiant l'étude des structures au détriment de la conscience, soupçonnée d'être illusoire.

« Il y a eu la grande époque de la philosophie contemporaine, celle de Sartre, celle de Merleau-Ponty, où un texte philosophique [...] devait finalement nous dire ce que c'était que la vie, la mort, la sexualité, si Dieu existait ou si Dieu n'existait pas, ce qu'il fallait faire en politique, comment se comporter avec autrui, etc. Cette sorte de philosophie-là, on a l'impression qu'elle ne peut plus avoir cours, que, si vous voulez, la philosophie s'est, sinon volatilisée, mais comme dispersée, qu'il y a un travail théorique qui se conjugue au pluriel. »
Michel Foucault, interview sur France-Inter en 1966, paru dans *La Quinzaine littéraire*, **n° 46, 1ᵉʳ au 15 mars 1968.**

La révolution structuraliste

Issu de la linguistique et des mathématiques, le structuralisme* se présente avant tout comme une conception du monde et une méthode féconde dans les sciences humaines. Le « sens » et la « valeur » ne proviennent pas d'une intention libre, ni d'une nature éternelle ou divine, mais d'un jeu d'oppositions, d'une interaction. Toute la réalité (physique, psychologique) est analysable comme une série d'ensembles ayant leurs lois de composition interne. Tout est langage et tout est structuré comme tel. La société ne fonctionne pas à partir de fondements conscients mais de règles échappant à la conscience. De la même façon, si chacun pense « comme il veut », personne ne pense n'importe comment. La découverte des structures inconscientes qui régissent l'action et la pensée humaine constitue l'essentiel du « structuralisme ».

Michel Foucault : qu'est-ce que le pouvoir ?

Tout en l'ayant refusé, Michel Foucault incarne le structuralisme par la diversité de ses objets d'étude et l'efficacité impressionnante de ses interprétations. La folie, la sexualité, l'emprisonnement, le savoir… : la société ne dit pas ce qu'elle fait là où elle le dit, d'où l'exigence d'une méthode capable de dévoiler les marges et les raisons véritables qui conditionnent l'ordre apparent. Le pouvoir ne repose pas sur des fondements moraux mais sur des pratiques mêlant les rapports de force et la connaissance. L'analyse marxiste* privilégie l'économie, qui n'est qu'un aspect du pouvoir.

les origines | l'entre-deux guerres | l'explosion existentialiste

Le droit, les sciences humaines manifestent en apparence un désir de justice et de compréhension des hommes. En réalité, leur évolution et leur structure font apparaître leur rôle coercitif et normatif.

Tous azimuts !

Tous les domaines de la pensée sont influencés par le structuralisme. En psychanalyse*, Jacques Lacan (1901-1981) renouvelle profondément les théories issues de Freud : « *L'inconscient est structuré comme un langage.* » En philosophie politique, Louis Althusser publie *Lire le Capital*, dans lequel il analyse les thèses de Marx en insistant notamment sur le rôle historique des superstructures. En ethnologie, Claude Lévi-Strauss découvre un ordre inconscient régissant les pratiques et les croyances humaines dans les sociétés primitives. Son apport est considérable dans le champ de l'anthropologie. Il découvre notamment dans *Les Structures élémentaires de la parenté* le rôle fondateur de la prohibition de l'inceste. Ne relevant ni de la morale, ni de la religion (relatives aux sociétés), encore moins des données scientifiques modernes (inconnues dans les tribus et peuples primitifs), l'explication

du caractère universel de cet interdit exige une analyse structuraliste. L'ordre visible relève d'une logique de l'échange, à la fois inconsciente et rationnelle, entre les groupes humains. Ni naturelle (car inexistante chez les animaux), ni culturelle (car universelle), elle est, en deçà des intentions humaines, le passage de la nature à la culture, la loi d'apparition de l'humanité.

Jacques Lacan, le célèbre psychanalyste, lors d'un séminaire à la Sorbonne.

L'intellectuel spécifique

En spécialisant et en morcelant le travail des penseurs sur les structures déterminant notre société, Michel Foucault invente un nouveau statut pour l'intellectuel, qui ne pourra plus tenter de tout savoir sur tout, mais devra partir d'une spécialité au sein de laquelle une critique sera possible. Fini l'intellectuel total, voici l'intellectuel spécifique.

Une autre manière de faire de la philosophie : avec le structuralisme, non seulement l'humanisme est rejeté au nom du réalisme des « structures », mais c'est une nouvelle définition de l'intellectuel qui surgit dans les années 1960.

Les certitudes et les impasses de Mai 68

Les étudiants et les ouvriers firent Mai 68, les intellectuels relayèrent les événements par des positions éclairantes sur leur philosophie.

L'explosion de Mai 68

Aucun intellectuel* n'avait prévu les événements de 68. Partie de Nanterre et des mouvements étudiants, étendue au monde ouvrier (le 20 mai, le nombre de grévistes atteignit 6 millions), la révolte générale est relayée par le « Mouvement du 22 mars », avec à sa tête Daniel Cohn-Bendit, par Jacques Sauvageot (UNEF) et Alain Geismar (SNESUP). La Sorbonne est occupée, sous les visages glorifiés de Trotski, Castro et Che Guevara. Le Parti communiste* fut un temps divisé (Roger Garaudy approuva la revendication autogestionnaire), puis recentra son combat sur la défense de son statut « révolutionnaire ». Partout les débats interminables et les fêtes se succédaient. L'éloquence rassemblait et divisait les intellectuels. Le 20 mai, Sartre intervient dans une Sorbonne surchauffée, croit reconnaître dans l'effervescence incontrôlable la violence des « groupes en fusion » décrits dix ans plus tôt dans sa *Critique de la raison dialectique*. L'anecdote raconte que Daniel Cohn-Bendit fit passer à Sartre un papier sur lequel était écrit : « *Sartre, sois bref.* » De fait, Sartre ne fut pas le modèle de la révolte étudiante. L'intelligentsia dans son ensemble se contenta de suivre une vague de grèves qui débuta près de Nantes puis s'étendit à tous les secteurs de la société.

Une révolte divisée

Les différents secteurs de la société ne s'insurgèrent pas pour les mêmes raisons. Les intellectuels prirent position au nom de chapelles et de théories hétéroclites.

les origines | l'entre-deux guerres | l'explosion existentialiste

Manifestation d'étudiants le 13 mai 1968 avec une banderole « Étudiants, enseignants, travailleurs solidaires ».

Les « situationnistes », avec à leur tête Guy Debord (*La Société du spectacle*), rejetèrent la fausse décadence hippie et le sérieux des communistes* au nom d'une spontanéité politique radicale. L'influence de la guerre du Vietnam fut telle que les États-Unis représentèrent pour les étudiants un impérialisme dont il fallait se libérer par la violence. Chaque clan revendiquait « sa » révolution au nom de ses certitudes : les marxistes*, les anarchistes*, les trotskistes, les tenants d'une révolution permanente…

Sartre ou Aron ?

Une opposition incarne bien la division intellectuelle qui régnait à l'époque : celle entre Sartre et Aron. Ainsi, à l'intervention sartrienne, Raymond Aron répond par un réalisme teinté de mépris. Il raille les révolutionnaires de salon et le gauchisme émotionnel qui joue à mettre l'ordre en question sans rien risquer de situations acquises. Pour lui, toute cette effervescence n'était qu'un « *psychodrame* », un « *délire verbal* ». Contre les idées égalitaires soutenues par Sartre, Aron défend l'institution (il enseigne la sociologie à la Sorbonne jusqu'en janvier 1968). Le 24 mai, une manifestation particulièrement violente faillit faire basculer le régime. Le retour du général de Gaulle le 30 mai s'accompagna d'une manifestation monstre des gaullistes sur les Champs-Élysées, avec, entre autres, un certain André Malraux. On peut voir dans ce soutien populaire à de Gaulle moins la condamnation des revendications légitimes de Mai 68 que la crainte de voir le régime basculer dans l'anarchie. C'est tout l'antiromantisme d'Aron qui prend alors sa revanche.

Les « groupes en fusion »

Sartre reconnut dans l'agitation de 1968 l'une des conceptions importantes de sa philosophie de l'histoire. Le « groupe en fusion » est le dépassement violent, certains disent romantique, des structures de pouvoir institutionnelles et de leur domination sur le peuple voué à l'inertie.

L'éclatement de la société en Mai 68 s'accompagne de luttes idéologiques féroces. Les intellectuels furent pris de court mais crurent trouver dans l'agitation matière à prouver ou à réfuter leurs idées.

Les nouvelles gauches

Le communisme est dépassé sur sa gauche par les maoïstes, tandis que la philosophie rejette les anciens modèles rationalistes. À droite aussi, les intellectuels réagissent avec force.

« Aucune des époques précédemment étudiées n'aura connu comme celle-ci un si rapide bouleversement dans la tonalité générale tout à la fois du discours intellectuel et du discours de la société sur les intellectuels. »
Jean-François Sirinelli et Pascal Ory, *Les Intellectuels en France de L'affaire Dreyfus à nos jours.*

La séduction chinoise

L'après-68 est marqué par une lutte d'influence entre les communistes* « orthodoxes », alliés du PCF et de l'URSS, et les gauchistes se réclamant de Trotski ou, plus nombreux, de la gauche maoïste*. La fascination ressentie par les intellectuels* maos regroupés autour de Philippe Sollers et sa revue *Tel quel* s'étend à tous les milieux. L'ignorance des réalités du totalitarisme chinois est durant quelques années encore compensée par l'espérance révolutionnaire. Sartre soutient le quotidien interdit *La Cause du peuple* dont les directeurs (Michel Le Bris et Jean Pierre Le Dantec) avaient été écroués. Sur le fond, la séduction opérée par le maoïsme sur les intellectuels résulte de trois facteurs : une alternative radicale et critique au système, l'espoir de ne plus se compromettre avec l'ex-modèle soviétique, le rêve d'unité avec le monde ouvrier.

Un anticommunisme gauchiste

Une pluralité d'influences participe du gauchisme « post-68 ». Le philosophe américain Herbert Marcuse (*L'Homme unidimensionnel*) représente presque un modèle critique aux États-Unis. La psychanalyse* elle-même est convoquée sur le terrain politique. Freud au service de Marx. La libération du désir, la mise au jour des névroses liées au système de production économique renouvellent le marxisme classique, heurtant l'hégémonie idéologique des communistes traditionnels.

Sur un autre plan, les séminaires de Jacques Lacan

les origines | l'entre-deux guerres | l'explosion existentialiste

connaissent un immense succès : le structuralisme* élargit considérablement le champ de la psychanalyse. Si l'inconscient est structuré comme un langage, c'est qu'il est « rationnel », ordonné, producteur de sens. La révolution souhaitée ne peut donc reposer sur la volonté consciente des individus ou des groupes, soupçonnée d'être l'effet ou le reflet secondaire d'un déterminisme préalable : refoulement originel, compensation imaginaire, transfert illusoire… Cela change profondément la façon d'interpréter et de faire de la politique. Peut-on faire confiance à un système démocratique conditionné, mystifié et donc illusoire ? Le « freudo-marxisme » s'attaque aux fondements du volontarisme politique de droite comme de gauche.

Réactions à droite

Raymond Aron représente le réalisme politique contrastant singulièrement avec les utopies et l'anti-humanisme méthodologique du structuralisme. Il critique l'influence du marxisme dans *L'Opium des intellectuels* et le romantisme de 1968 dans *La Révolution introuvable*. Louis Pauwels et Alain de Benoist lancent la « nouvelle droite ». Ce mouvement tente de concurrencer les intellectuels sur leur propre terrain, celui des idées, en défendant l'ultralibéralisme. Non seulement l'inégalité peut jouer un rôle moteur dans le développement, mais elle peut apparaître plus juste si elle exprime une hiérarchie naturelle ou un mérite plus grand. De telles idées feront leur chemin dans la droite la plus dure et renouvelleront le nationalisme*.

Qu'est-ce que le GRECE ?

Mouvement d'intellectuels d'extrême droite, le Groupement de recherche et d'études sur la civilisation européenne, fondé en 1967 par Alain de Benoist, prône la reconnaissance des différences entre les races et les cultures et cherche à renouveler l'idéologie nationaliste et élitiste.

La Chine fascine les intellectuels qui versent dans le radicalisme politique : le gauchisme, puis, par réaction, la nouvelle droite.

Deleuze et Guattari, philosophes du désir

La virulence de leur style et la profondeur critique de leur pensée font de Gilles Deleuze et Félix Guattari les penseurs « post-68 » les plus influents.

Le nomadisme philosophique

La tradition philosophique privilégie le recours à des vérités immuables destinées à dépasser les illusions sensibles, le désir de fonder la connaissance et l'action sur des principes éternels. Gilles Deleuze (1925-1995) enseigna et écrivit de nombreux ouvrages d'histoire de la philosophie. Son style déconcertant et séduisant décloisonne les disciplines et invite le lecteur à suivre son rythme particulier. Sa rencontre avec Félix Guattari (1930-1992) fut décisive. Ainsi, tous deux rejettent la conception de l'ordre, privilégiant la « transcendance* », au profit d'une pensée vivante sans cesse en mouvement, assumant la liberté de créer ses vérités dans l'« immanence* ». La créativité doit résister à l'autorité qui brime l'individu. La différence est gommée le plus souvent au profit de l'« unité », qui passe (en philosophie comme en politique) pour être plus proche de la vérité. Les deux penseurs inaugurent une critique radicale de ce conformisme intellectuel en démystifiant l'idéalisme. La philosophie doit devenir nomade, non sédentaire, dans l'exercice de sa pensée.

Tous azimuts

L'art, le cinéma, la littérature, l'histoire de la philosophie : tous les domaines de la pensée et de la création sont concernés par le style et le contenu de l'œuvre de Deleuze (le philosophe) et de Guattari (le psychanalyste non freudien).

---

les origines | l'entre-deux guerres | l'explosion existentialiste

Qu'est-ce que la philosophie ?

En 1990, ils publient un livre où les relations
et les fonctions respectives de la philosophie, de la
science et de l'art sont analysées en profondeur. La nature
créatrice de la pensée est ainsi affirmée et revalorisée.

Le désir et la politique

Dans *Capitalisme et Schizophrénie*, Deleuze et
Guattari critiquent violemment l'idéologie du « res-
sentiment » : la haine jalouse des particularités au
nom de la morale. Le capitalisme ne survit à ses crises
et ne se développe que par l'utilisation de la puissance d'agir des individus au profit de la production.
Le désir n'est pas seulement un manque, mais une
production positive de vie. L'homme moderne est
une « machine désirante » inféodée au capitalisme,
d'où la nécessité de libérer le désir qui, dans sa créativité et son caractère imprévisible, menace toujours
l'ordre établi. Mais cette libération suppose pour
ses auteurs de dépasser le rationalisme : d'où le rejet
des philosophies « dialectiques » héritées de Hegel
et privilégiant la négativité du désir.

*« La philosophie n'est
ni contemplation,
ni réflexion,
ni communication.
Elle est la discipline
ayant pour fonction
de créer des concepts. »
Qu'est ce que
la philosophie ?*

L'Anti-Œdipe

L'Anti-Œdipe rejette l'interprétation de la psychana-
lyse*, qui, contrairement aux apparences, n'a pas
libéré le désir, mais l'a soumis à une vision morale
et bourgeoise. Par exemple, le complexe d'œdipe,
central dans la psychanalyse héritée de Freud, réduit
le désir à une affaire familiale, à un interdit, ce qui
le condamne à ne pouvoir être assouvi que dans
la sublimation ou le fantasme. Deleuze et Guattari
démasquent le rôle normatif, moralisateur d'une certaine psychologie. Cette réévaluation philosophique
du désir, influencée par Nietzsche, force les intellectuels*
à se positionner sur le rôle réel qu'ils jouent :
derrière l'humanisme* et le projet de comprendre
se cache une méfiance envers le caractère subversif,
imprévisible et vital du désir.

L'œuvre de Gilles
Deleuze et Félix
Guattari critique
toutes les
conceptions
réduisant le désir
à un simple
manque. Une
critique radicale
de la société
découle d'une
telle philosophie
du désir.

la philosophie
des sixties — grandeur ou
décadence ? — approfondir   **L'engagement des intellectuels** 49

La fin de l'Histoire ?

Jadis sceptiques sur les dissidents soviétiques, les intellectuels admettent peu à peu la réalité des goulags. Désormais, l'engagement doit se faire sans illusions.

Le cas Soljenitsyne

Prix Nobel de littérature en 1970 pour son œuvre romanesque déjà en rupture avec le système soviétique, Alexandre Soljenitsyne publie en 1974 *L'Archipel du Goulag,* qui provoque son expulsion d'URSS. Le livre dénonce le système en décrivant toutes ses aberrations : violence, corruption, internements, propagande... Une réaction du PCF et de toute une partie des socialistes – occupés à sauver l'Union de la gauche et à bannir l'anticommunisme – s'ensuivit. Le succès du livre est énorme : 700 000 exemplaires vendus en quelques semaine ! Au-delà du phénomène éditorial, les polémiques qu'il engendre font basculer les intellectuels* français dans une réflexion profonde sur l'Histoire.

« Les nouveaux philosophes »

André Glucksmann rejette violemment l'influence du marxisme* sur la gauche française. L'auteur de *La Cuisinière et le mangeur d'hommes* (1975) et des *Maîtres-penseurs* (1977) critique la dérive totalitaire du matérialisme historique et l'aveuglement des philosophes enchaînés à une idéologie supposant une vérité et une finalité dans l'Histoire. Précisément, c'est au nom d'une lucidité philosophique que les « nouveaux philosophes » apparaissent sur la scène médiatique et intellectuelle. Bernard-Henri Lévy publie *La Barbarie à visage humain* (1977) qui développe une critique du totalitarisme et de la complaisance dont il dispose. Les idées de Raymond Aron refont surface. Les revues les plus importantes : *Les Temps Modernes, Esprit,* participent avec des armes différentes

les origines | l'entre-deux guerres | l'explosion existentialiste

> « *Aucun pays, aucun régime, aucun groupe social n'est porteur de la vérité absolue, et sans doute ne le sera jamais. La terrifiante expérience du stalinisme, la transformation d'intellectuels révolutionnaires en apologistes du crime et du mensonge, montrent jusqu'où peuvent conduire les identifications utopiques et l'attrait du pouvoir, ces tentations caractéristiques de l'intellectuel contemporain.* »
> « Manifeste de 1973 », *Les Intellectuels et le pouvoir*, cité par Michel Winock dans *Le Siècle des intellectuels*, p. 786.

à cette bataille pour la vérité. Teintée de réalisme désenchanté, cette « nouvelle philosophie » proclame l'absence de toute raison dans l'Histoire susceptible d'en justifier les crimes, mais aussi l'urgence de les dénoncer. Sur le plan philosophique, cette mise en cause des idéologies ayant dominé le XXᵉ siècle s'appuie sur une double critique. Celle de Hegel : le « sens » de l'Histoire (sa signification et son orientation) serait un mythe ayant produit les pires justifications puisqu'en son nom la violence politique pouvait être présentée comme une nécessité historique. Celle de Marx : le matérialisme réduit l'homme à l'état d'animal économiquement déterminé, sans spiritualité, écrasé par un État usant du mythe de la « révolution » pour justifier son pouvoir et ses crimes.

Des boat people exemplaires

Sartre et Aron côte à côte pour la même cause : qui l'eût cru ? Des boat people fuient le régime communiste du Vietnam. Sur l'initiative d'André Glucksmann, les deux intellectuels si opposés philosophiquement et politiquement interviennent ensemble auprès du président Valéry Giscard d'Estaing. L'équipe de Médecins du monde de Bernard Kouchner, soutenue par Michel Foucault, Yves Montand, Simone Signoret, trouve dans cette union d'ex-adversaires une force symbolique exemplaire. Ce n'est plus au nom d'une « vérité historique » que les intellectuels s'engagent, mais simplement pour sauver des vies.

> « *Ce qu'il faut éviter simplement pour nous, écrivains, c'est que notre responsabilité se transforme en culpabilité si, dans cinquante ans, on pouvait dire : ils ont vu venir la plus grande catastrophe mondiale et ils se sont tus.* »
> Jean-Paul Sartre, *La Responsabilité de l'écrivain*, conférence à l'UNESCO, 1946.

> Enfin attentifs aux révélations fournies par les dissidents de l'URSS, les intellectuels de la fin des années 1970 s'engagent autrement, perdant peu à peu leurs illusions sur la « réalisation » du socialisme.

La sociologie de Bourdieu

Intellectuel engagé, Pierre Bourdieu représente le sociologue contemporain le plus critique à l'égard des illusions entretenues par notre société.

Une pensée désenchantée

L'autonomie de la pensée philosophique n'est qu'une illusion destinée à masquer l'intérêt des philosophes eux-mêmes. Les « idées » reflètent une situation sociale déterminée.
La sociologie de Bourdieu s'attaque ici à une tradition et à une croyance : la liberté absolue. La seule liberté qui reste est de connaître les causes qui vous déterminent, ainsi que nous l'apprend Spinoza. Mais c'est aussi une idée philosophique…

Pierre Bourdieu, écrivain et sociologue.

Une désillusion nécessaire

Pierre Bourdieu (1930-2002) analyse le conditionnement sociologique des pratiques apparemment libres ou indéterminées, comme le jugement de goût, la création littéraire, la réussite scolaire. Héritier de Max Weber et de Karl Marx, dont il reprend le concept de « lutte des classes », il découvre que le capital culturel est sociologiquement plus déterminant que le capital économique. La « mobilité sociale » est freinée par le déterminisme. La société est composée de « champs » qui s'affrontent perpétuellement pour affirmer leur domination. La lutte des classes est donc généralisée, mais est dépourvue de l'aspect optimiste qu'elle revêt dans le marxisme* orthodoxe. Inconsciemment, les luttes de reconnaissance qui font et défont les statuts, les engagements* et les trajectoires sociales conditionnent les institutions dont le but affiché est pourtant d'assurer l'égalité des chances, comme l'école, ou la liberté d'expression, comme la presse. Le jeu social est d'emblée faussé. Si l'orientation de Bourdieu est plutôt déterministe, son travail montre que les relations sociales ne sont pas réduites à des enjeux économiques matériels. La lutte pour l'existence et la reconnaissance nécessite des positionnements, dont la logique échappe à ses propres acteurs. Le rôle de la sociologie est de dévoiler cette logique sociale cachée.

La Distinction

Dans son ouvrage de 1979, le sociologue montre l'origine sociale, non naturelle,

les origines | l'entre-deux guerres | l'explosion existentialiste

du jugement de goût. *La Distinction* est ainsi vite devenue un classique, qui a renouvelé la sociologie de la culture. Dire : « j'aime » ou « je n'aime pas », c'est reproduire inconsciemment tout un conditionnement hérité et paraissant naturel – l'« habitus ». Bourdieu démonte la croyance philosophique dans le jugement esthétique indéterminé issu de la philosophie de Kant. Le bon goût est le dégoût du goût des autres. Dans *La Noblesse d'État* (1988), où il analyse les trajectoires sociales des groupes issus des grandes écoles, il découvre un déterminisme fort, tendant à reproduire, sous les noms de « mérite », d'« élite républicaine », etc., des privilèges de classes sociales a priori injustifiables par les supposés « dons » des privilégiés. L'école peut ainsi reprocher à un élève d'être « trop scolaire », c'est-à-dire de montrer moins d'aisance dans ses efforts pour s'approprier une autre culture, et favoriser l'élève doué mais moins scolaire, celui qui a intériorisé le même capital depuis longtemps, naturellement en apparence. Un comble pour l'école républicaine…

Une sociologie de combat

À partir de 1990, Pierre Bourdieu a incarné plus qu'auparavant la figure de l'intellectuel* engagé. À la manière de Sartre et de Foucault, il prend position publiquement en publiant *La Misère du monde* en 1993, où les récits dévoilent l'exclusion sociale. Il défend la liberté des intellectuels algériens, le droit des sans-papiers, s'attaque à la manipulation télévisuelle et au pouvoir médiatique (*Sur la télévision*). Il soutient en 1995 un « Appel des intellectuels en soutien aux grévistes » et il s'engage auprès des cheminots grévistes contre le plan Juppé.

Son dernier combat fut l'engagement auprès des anti-mondialistes d'ATTAC aux côtés de José Bové. Jusqu'à sa mort, en 2002, il a représenté la résistance intellectuelle à l'ultralibéralisme.

« Je n'aime pas en moi l'intellectuel, et ce qui peut sonner, dans ce que j'écris, comme de l'anti-intellectualisme, est surtout dirigé contre ce qu'il reste en moi, malgré tous mes efforts, d'intellectualisme ou d'intellectualité, comme la difficulté, si typique des intellectuels, que j'ai d'accepter vraiment que ma liberté a ses limites. »
Pierre Bourdieu, *Méditations pascaliennes,* **Seuil, 1977.**

La sociologie peut être une formidable machine à déconstruire les mécanismes de domination sociale. L'œuvre de Bourdieu est consacrée à les dévoiler. La fin de sa vie, elle, témoigne d'un engagement personnel peut-être plus touchant et radical.

L'engagement aujourd'hui

« S'engager », c'est aujourd'hui analyser et se situer sur le terrain de la mondialisation et du fonctionnement des médias. La vie des intellectuels est donc transformée.

La nouvelle contestation

Les enjeux sont nouveaux. Il ne s'agit plus seulement d'opposer deux systèmes économiques et deux idéologies (socialisme* et libéralisme*), ni de se référer à une vérité historique au nom de laquelle nous pourrions décrire la société, la juger et la transformer. Si les tentatives de réalisation du communisme* ont abouti à des catastrophes, rien dans tout cela ne suffit à prouver la validité universelle et éternelle du libéralisme. Les luttes existent toujours entre les partisans de l'économie « mondialisée » – le libre échange étendu à la planète selon les lois du marché concurrentiel – et les partisans d'une autre mondialisation fondée sur des valeurs humaines. Trois courants s'opposent aujourd'hui : 1) Les ultralibéraux, qui confondent la valeur de toute réalisation avec le profit qu'elle engendre : ils perçoivent le monde comme un champ de bataille économique dans lequel les États n'ont pas de rôle majeur à jouer. 2) Les réformistes, qui considèrent que des instances (par exemple, l'Europe) peuvent réguler les échanges et protéger certains biens, comme la culture, des excès du marché tout en croyant aux bénéfices du libéralisme. 3) Les contestataires, qui refusent la soumission de la culture et de l'économie au productivisme américain dans tous les domaines (la pensée, le cinéma, l'agriculture…).

ATTAC !

Associant des universitaires, des agriculteurs, des travailleurs de tous horizons, l'association a pour but de contester la mondialisation libérale et de réfléchir sur d'autres modes de production en plaçant les valeurs humaines au cœur de leurs préoccupations.

les origines | l'entre-deux guerres | l'explosion existentialiste

Les médias et les intellectuels

Dans tous les domaines (l'information, l'éducation, la culture, l'économie), Internet a transformé les règles de production et d'échange. Le travail intellectuel a changé puisque tout circule en temps réel entre les individus. Pour autant, le rôle des intellectuels* devrait être plus important pour prendre du recul dans cette effervescence d'images et de paroles. « Penser » exige du temps, un effort de questionnement, de conceptualisation et de création incompatible avec l'agitation creuse où la communication se suffit à elle-même et avec l'immédiateté de réaction demandée par le média télévision (réagir « à chaud » sur un événement tel que le 11 septembre, par exemple). Même « décalé » par rapport aux médias, l'intellectuel est plus que jamais nécessaire pour les évaluer. Philosophe, enseignant à Polytechnique et homme de média, Alain Finkielkraut est une figure marquante de l'engagement* contemporain. En 1987, il publie notamment *La Défaite de la pensée*, qui fustige la démagogie au pouvoir, supprimant la pensée véritable (exigeante mais nécessaire) au nom d'une pseudo « liberté d'expression » et d'une « culture » (une suite de modes et de pratiques collectives).

« Le paradoxe de l'intellectuel vient de ce que le pouvoir dont il peut disposer lui est donné par sa renommée : l'exercer au profit d'une grande cause humaine renforce en retour sa réputation. […] Les assises éthiques de notre société imparfaite ne sont pas le monopole de quelques-uns, mais l'affaire de tous. »
Michel Winock, *Le Siècle des intellectuels,* **p. 773.**

Une « science » des intellectuels

Une partie du travail des intellectuels consiste à réfléchir sur leur propre condition en se penchant sur leur histoire, leur fonction dans la société grâce aux sciences politiques. C'est ce que font des chercheurs comme Michel Winock, Pascal Ory, Jean-François Sirinelli. Cette passion « scientifique » pour la vie intellectuelle comme objet d'étude est déjà un engagement puisqu'elle contribue à les faire connaître et à leur donner une importance dans le monde contemporain. L'engagement n'est plus seulement associé à une fonction critique, mais à une mémoire savante. La responsabilité d'un tel savoir est grande puisque ces spécialistes contribuent à forger l'image et le rôle des intellectuels présents et futurs.

La mondialisation et les médias constituent les enjeux contemporains de la contestation et de l'analyse des intellectuels. De plus en plus, ils réfléchissent systématiquement à leur propre condition.

Pour un nouvel engagement

L'intellectuel, par ses remises en cause de principe et son refus de toute complaisance, est nécessaire pour éclairer l'évolution sociale de ses critiques.

Place au sens !

De nouvelles revues apparaissent (*Place au sens !*, lancée en 2000), de nouveaux combats aussi. Aujourd'hui, l'engagement d'Alain Finkielkraut (*La Défaite de la pensée*, 1987), de Michel Onfray (*Politique du rebelle*, 1997), concerne la morale, la politique et la culture. À la défense d'un républicanisme sans concession du premier s'oppose l'hédonisme nietzschéen du second.

Une fonction à redéfinir

Le marxiste* italien Antonio Gramsci (1891-1937) distinguait l'« intellectuel critique », analysant et contestant la société, de « l'intellectuel organique », servant sa classe sociale en produisant l'idéologie dominante comme moyen de sa propre domination. Cette stratégie visait un but révolutionnaire : transformer la société. Michel Foucault et Gilles Deleuze ont opposé à la figure emblématique de l'« intellectuel total » (celle de Sartre) une image plus limitée et modeste dans son action pour être plus efficace : l'« intellectuel spécifique ». Apportant sur le terrain son savoir, il serait plus à même d'analyser les conditions historiques et sociales des injustices. L'école, la prison, l'entreprise, etc. deviennent des champs d'analyse et d'action au coup par coup où l'intellectuel n'a pas d'autre prétention philosophique que d'être l'« historien du présent ».

L'urgence éthique

Le pouvoir d'intervenir sur le vivant pose une série de problèmes cruciaux : de quel droit limiter la recherche ? Comment définir le respect de l'humain ? La bioéthique essaie de concilier la science et la morale, la connaissance ne disant rien, par elle-même, de ce qu'il faut en faire.

Une tâche infinie

Si les mouvements de contestation et les prises de position des intellectuels* ne manquent pas (la défense des sans-papiers, la mobilisation des écrivains et des artistes contre l'extrême-droite lors de la présidentielle de 2002…), l'absence de figure dominante ne signifie pas la fin de leur rôle historique

les origines | l'entre-deux guerres | l'explosion existentialiste

> « La pensée, personne ne prend ça très au sérieux, sauf ceux qui se prétendent penseurs ou philosophes de profession. Mais ça n'empêche pas du tout qu'elle ait ses appareils de pouvoir [...] lorsqu'elle dit aux gens : ne me prenez pas au sérieux puisque je pense pour vous, puisque je vous donne une conformité, des normes et des règles, une image, auxquelles vous pourrez d'autant plus vous soumettre que vous direz : " Ça n'est pas mon affaire, ça n'a pas d'importance, c'est l'affaire des philosophes et de leur théorie pure." »
> Gilles Deleuze, Claire Parnet, *Dialogues*, Flammarion, 1996, p. 19.

au sein de la société. Leur légitimité tient à leur pouvoir d'éveilleurs de consciences. D'où une exigence de lucidité et de générosité qui contraste avec l'accélération de l'information et des communications inutiles. Et une difficulté supplémentaire : comment garantir le bien-fondé des analyses critiques des intellectuels concernant des sujets aussi divers que la géopolitique (le problème israélo-palestinien), l'économie (la mondialisation), le droit (la nouvelle criminalité), l'éducation (le rôle de l'école), la biologie (l'intervention sur le vivant) ? Un domaine de critique aussi vaste que la vie elle-même.

La nouvelle donne

Paradoxalement, le poids médiatique dilue l'influence des intellectuels en dispersant leurs points d'intervention. Pourtant, l'analyse critique se développe dans les revues littéraires, les colloques universitaires, les cafés philosophiques. À l'urgence de transformer les choses correspond la lenteur nécessaire de la pensée, qui est l'apanage de la patience philosophique.

Apprendre à penser, c'est sortir de sa spécialité pour s'interroger sur la valeur des institutions et des pratiques humaines. Plus que jamais, l'évolution technique nécessite un complément critique pour devenir un vrai progrès : malgré ses défauts, l'« intellectuel » est donc un mal nécessaire.

Le développement des progrès techniques et la transformation du monde exigent une mutation des intellectuels, qui ne peuvent plus prétendre dominer la société. Pour autant, leur rôle est irremplaçable devant le nombre de problèmes qui se posent...

Glossaire

Anarchisme : refus de l'ordre reposant sur un modèle ou une autorité relevant de l'État, de la religion ou de l'Histoire. Les anarchistes privilégient l'individu, la spontanéité des communautés devant alors suffire à organiser la vie sociale.

Communisme : conception politique développée par Karl Marx, fondée sur la révolution, la prise du pouvoir par la classe ouvrière et visant à l'abolition des privilèges. Son influence sur les intellectuels* fut décisive au point de faire passer l'URSS et la Chine pour des modèles de société.

Décolonisation : les guerres d'indépendance en Indochine et surtout en Algérie furent des enjeux majeurs dans l'engagement des intellectuels* français, comme la guerre du Vietnam pour les Américains.

Déconstruction : analyse des fondements de la pensée et de l'action visant à les démystifier. Dans les années 1970, la « déconstruction » des modèles traditionnels et universels domina la vie intellectuelle française.

Différencialisme : affirmation du droit à la différence, à la valeur des cultures particulières contre la domination d'un seul État, d'un seul modèle de société. Ce courant s'oppose à l'universalisme qui soutient l'existence de principes valables pour tous les hommes au-delà de leurs différences culturelles.

Engagement : l'après-guerre fut marqué par la volonté des écrivains de mettre leur art au service de grandes causes politiques ou morales. Sartre mit en avant pour les écrivains la nécessité de « s'engager » par l'écriture et l'action collective (manifestes, pétitions) pour dénoncer les injustices.

Éthique : les hommes évaluent leurs actes en fonction de valeurs. L'éthique est ce travail de réflexion et de jugement nécessaire pour guider l'action. Savoir comment utiliser les découvertes scientifiques est une préoccupation éthique.

Existentialisme : courant philosophique et littéraire fondé par Jean-Paul Sartre au milieu du xxe siècle. Affirmant la liberté et la responsabilité des hommes, «l'existentialisme» exerce toujours une influence prépondérante sur les intellectuels*.

Fascisme : dans les années 1930, la critique du marxisme* et des démocraties aboutit à une conception autoritaire et personnalisée du pouvoir. Le nationalisme* militariste et violent se développa en Italie avec le fascisme de Mussolini et en Allemagne (le nazisme d'Hitler est raciste, antisémite et nationaliste). De nombreux écrivains français furent fascinés par le fascisme.

Féminisme : mouvement d'émancipation des femmes développé en France par Simone de Beauvoir. Différents

courants féministes luttent encore
pour l'égalité des droits, la reconnaissance
de l'indépendance des femmes,
de leur dignité souvent bafouée.

Humanisme : historiquement, le terme
désigne le développement et l'amour
des connaissances apparaissant
à la Renaissance (XVIᵉ siècle).
Philosophiquement, il se fonde
sur le fait de placer l'homme au centre
des valeurs et des savoirs. Il suppose
la liberté et la responsabilité comme
supérieurs aux différents déterminismes.

Immanence : principe d'existence
et d'action contenu dans l'être.

Individualisme : conception plaçant
l'individu au centre des préoccupations
morales et politiques. Le groupe
devient alors secondaire puisque
l'action et la connaissance exigent
de considérer avant tout les individus.

Intellectuel : depuis l'affaire Dreyfus,
le terme désigne les personnes qui,
occupant des postes importants
dans la culture et dans la science,
mettent leur savoir au service
de grandes causes. La critique
des injustices, l'engagement politique
et la réflexion sur la société constituent
alors le travail des « intellectuels ».

Libéralisme : système politique
et économique fondé sur la liberté
individuelle et les lois du marché :
concurrence, propriété privée des
moyens de production, profit et libre
circulation des biens et des personnes.

Maoïsme : doctrine héritée de Mao
Tsé-Toung. Ce communisme radical
influença fortement les intellectuels*
d'extrême gauche dans les années 1970.

Marxisme : sur la base d'un socialisme
scientifique (le matérialisme historique) opposé au socialisme utopique,
Karl Marx fonde une philosophie
politique dans laquelle l'analyse critique
du capitalisme et de ses contradictions
(la lutte des classes) aboutit à un projet
révolutionnaire. Sur tous les plans,
le marxisme est la philosophie ayant eu
le plus d'influence sur la vie politique
et intellectuelle au XXᵉ siècle.

Nationalisme : conception politique
faisant de l'appartenance à une nation
la valeur suprême et tendant à la
méfiance, voire à la haine des étrangers.
En France, de nombreux écrivains ont
soutenu le nationalisme, notamment
durant l'affaire Dreyfus, comme
Charles Maurras et Maurice Barrès.
Certains ont même confondu le nationalisme et le fascisme*, comme
Brasillach et Drieu La Rochelle.

Phénoménologie : méthode de description
de la réalité fondée sur l'appréhension
des « essences », c'est à dire du réel
indépendamment des habitudes
logiques et des valeurs établies.
Son fondateur, Edmund Husserl,

Glossaire (suite)

voulait ainsi revenir à une philosophie capable de saisir la réalité vécue en se libérant des préjugés.

Psychanalyse : méthode de description de la réalité fondée par Sigmund Freud à la fin du XIXe siècle reposant sur l'analyse des symptômes, des actes manqués et des rêves afin de traiter des « névroses » (troubles psychologiques sans origine organique). De nombreux écrivains et artistes ont été marqués par la psychanalyse au point de faire de l'inconscient la source de leur créativité, comme les surréalistes.

Socialisme : il existe différentes formes de socialisme réformistes et révolutionnaires qui ont fortement influencé les intellectuels* dans leurs engagements politiques. À la base, la justice sociale, l'égalité de droit ou de fait entre les hommes sont toujours revendiquées dans les prises de position des intellectuels de gauche proches du socialisme.

Structuralisme : issu de la linguistique, le structuralisme regroupe des recherches très diverses en sciences de l'homme dont le trait commun est d'étudier l'ordre produit par l'homme indépendamment de sa volonté consciente. Tous les intellectuels* français ont été influencés par le structuralisme dans les années 1960-70.

Surréalisme : mouvement littéraire et artistique développé en France dans les années 1920 à l'initiative d'Aragon, d'André Breton, d'Apollinaire, récusant le rationalisme et cherchant la créativité dans la spontanéité, l'écriture automatique. La psychanalyse les a profondément influencés.

Transcendance : opposée à «l'immanence», la transcendance désigne la supériorité, le dépassement, l'extériorité d'un être ou d'un mouvement (Dieu, l'Histoire, l'État, telle ou telle autorité…).

Universalisme : au-delà des différences naturelles, culturelles et politiques, l'universalisme revendique l'existence de valeurs communes à tous les hommes. Les intellectuels* s'opposent souvent sur la question de savoir si l'on peut défendre un « droit à la différence » tout en réclamant des valeurs communes à tous.

les origines | l'entre-deux guerres | l'explosion existentialiste

Bibliographie

Ouvrages

ARON (Raymond), *L'Opium des intellectuels*, collection « Pluriel », Calmann-Levy.
Une critique des intellectuels français fascinés par la pensée de Marx.
Par le plus antimarxiste des penseurs contemporains.

BOURDIEU (Pierre), *La Misère du monde*, Seuil, 1993.
Le plus grand sociologue français dirige cet ouvrage collectif découvrant la misère et donnant la parole à ceux qui la vivent.
Sur la télévision suivi de *L'emprise du journalisme*, coll. « Raison d'Agir », Liber éditions. Analyse féroce et précieuse des médias par Bourdieu.
Contre feux 1, Propos pour servir à la résistance contre l'invasion néo-libérale. En soi, le titre est déjà une invitation à l'engagement.

COLOMBEL (Jeannette), *Sartre*, LGF, 2000.
Le parcours intellectuel, politique et philosophique de Sartre.
On y découvre ses prises de position, les polémiques et leur enracinement dans l'histoire contemporaine.

DESCOMBES (Vincent), *Le Même et l'autre : quarante-cinq ans de philosophie française (1933-1978)*, Minuit, 1979.
Une présentation très claire et précise de la philosophie française depuis 1945 nécessaire pour approfondir les liens entre la pensée et les engagements politiques des auteurs étudiés.

SARTRE (Jean-Paul), « Plaidoyer pour les intellectuels », *Situations VIII*, Gallimard, 1972.
Le philosophe français le plus engagé nous livre son analyse sur la grandeur et le rôle spécifique des intellectuels, notamment les raisons philosophiques et politiques de l'engagement.
La Responsabilité de l'écrivain, Verdier, 1998.
À l'origine une conférence, l'ouvrage explicite les devoirs de l'écrivain vis-à-vis de la politique et de l'histoire, à partir d'une analyse originale du langage.

SIRINELLI (Jean-François) et ORY (Pascal), *Les Intellectuels en France, de l'affaire Dreyfus à nos jours*, Armand Colin, 1992.
Une synthèse historique sur l'importance, la spécificité, la fonction des intellectuels en France au XXe siècle.
Les dix chapitres qui composent le livre reprennent et explicitent les faits et les notions nécessaires à la compréhension du phénomène.

WINOCK (Michel), *Le Siècle des intellectuels*, Seuil, 1997.
Un livre passionnant qui retrace chronologiquement l'aventure des intellectuels de l'affaire Dreyfus à 1997, avec une précision et un style remarquables. Leurs engagements et leurs affrontements se donnent à lire comme un roman.

Bibliographie (suite)

**Dans la collection
« Les Essentiels Milan », sur le sujet :**

Albert Camus, de José Lenzini,
Essentiel n° 30, 1995.
Sartre et l'existentialisme,
de André Guigot, Essentiel n° 177, 2000.
Céline, les paradoxes du talent,
de Pierre Merle, Essentiel n° 219, 2002.

Revues

Esprit. Régulièrement, l'autre grande
revue française fait part des analyses
et des engagements d'auteurs,
prolongeant une tradition humaniste
française.

Sciences humaines, n° spécial 2002.
Retrace l'œuvre de Pierre Bourdieu :
la sociologie, bilan critique,
quel héritage ?

Les Temps Modernes, n° spécial 1990.
Deux tomes composés d'une série
d'articles : la première partie
sur le Sartre philosophe, la seconde
sur l'intellectuel, par des spécialistes
ou ceux qui l'ont connu de près.
Particulièrement éclairant.

Commentaire. Revue trimestrielle,
fondée par Raymond Aron en 1978
et dirigée par Jean-Claude Casanova ;
son mot d'ordre : « *Il n'y a pas
de bonheur sans liberté ni de liberté
sans vaillance* » (Thucydide).

les origines | l'entre-deux guerres | l'explosion existentialiste

Index *Le numéro de renvoi correspond à la double page.*

Dans la collection *Les Essentiels Milan*
derniers titres parus

Dans la collection *Les Essentiels Milan Junior*

Responsable éditorial
Bernard Garaude
Directeur de collection
Dominique Auzel
Assistante d'édition
Cécile Clerc
Correction-Révision
Élisée Georgev
Iconographie
Anne Lauprête
Conception graphique
Maquette et couverture
Bruno Douin
Fabrication
Isabelle Gaudon
Magali Martin

Crédit photos

page 3 : © A. Ducloc – Gamma
page 39 : © J. Koudelka – Magnum
© Rue des Archives pour les pages
suivantes : p.7 ; p. 13 ; p. 14 ; p. 16 ;
p. 21 ; p. 23 ; p. 26 ; p. 33 ; p. 34 ;
p. 37 ; p. 41 ; p. 43 ; p. 45 ; p. 52.

© 2003 Éditions MILAN
300, rue Léon-Joulin,
31101 Toulouse Cedex 9 France

ISBN : 2-7459-0746-8
D. L. janvier 2003
P 64531
Aubin Imprimeur, 86240 Ligugé
Imprimé en France